DEUTSCHLAND

Kulinarische Streifzüge

Petra Winter
Hannes Schmitz

DEUTSCHLAND

Kulinarische Streifzüge

Mit 99 Rezepten,
exklusiv fotografiert
für dieses Buch
von
Hans Joachim Döbbelin

SIGLOCH
EDITION

Reproduktion: Eder Repros, Ostfildern
Satz: Setzerei Lihs, Ludwigsburg
Druck: W. Kohlhammer, Stuttgart
Papier: 135 g/m² BVS der Papierfabrik Scheufelen, Lenningen
Bindearbeiten: Buchbinderei Sigloch, Künzelsau
ISBN 3-89393-090-6

Essen und Trinken …

Wir müßten uns schon sehr in Ihnen täuschen, verehrte Leserin oder lieber Leser, wenn Sie nicht schon längst, ehe Sie hier zu lesen beginnen, in den hundert Rezepten dieses Buches herumgeblättert hätten, angelockt von den farbigen Bildern, hier und da an einem bekannten Gericht verweilend, da und dort und hoffentlich oft auf Neues stoßend. Die Streifzüge, die wir mit Ihnen unternehmen wollen, führen uns kreuz und quer durch alle Landschaften, die einen Beitrag zur deutschen Küche leisteten. Dazu gehören auch Gebiete wie Ostpreußen und Schlesien, denn die Küchentradition läßt sich von politischen Grenzen nicht aufhalten.

Was deutsche Hausfrauen in Jahrhunderten an überkommenen Rezepten durch eigenes Probieren abwandelten, mit Tips der Nachbarin verbesserten und weiterentwickelten, ergibt eine solche Vielfalt von Gerichten, daß man damit leicht einige Lexikonbände füllen könnte, zumal wenn man jede dieser Köstlichkeiten noch mit einem anregenden Bild vorstellen wollte und zu schweigen von den vielen Varianten, mit denen sie innerhalb einer Landschaft oder auch unter gänzlich anderen Namen in weit entfernten Gegenden auftauchen. Nehmen Sie die kleinen runden Ballebäuschen, die auch als Boll(e)- oder Bull(e)bäuschen zur reichbestückten bergischen Kaffeetafel gehören – im Grunde nicht viel anders kennt man sie auch in Friesland als Förtchen oder Futtjen, und manche Schwäbin wird sich beim Durchlesen des Rezepts vielleicht sagen: Die sind doch ganz ähnlich wie die Nonnenfürzle, die ich nach Tante Linas Rezept in siedendem Fett backe! Und – mag sein – für die Füllung der Maultaschen wiederum würde sie ganz andere Zutaten verwenden, als wir sie in unserem Buch angegeben haben.

Bei dieser Vielfalt können wir also wirklich nur Streifzüge durch die deutsche Küche mit Ihnen unternehmen und keine Studienreise zusammen antreten. Wir sind indes sicher, daß Sie manche kulinarische Entdeckung auf unserer Tour machen werden, und wir würden uns freuen, wenn das eine oder andere Rezept künftig Ihren Küchenzettel bereichern würde.

Bei all den Genüssen, die wir Ihnen im Hauptteil unseres Buches durch Wort und Bild verheißen und die Sie beim Durchblättern ja schon vorgekostet haben – eines ist sicher: Zum genußvollen Essen gehört auch das Trinken, auf daß Leib und Seele sich wohlfühlen. Wir wollen deshalb nicht nur in die Töpfe, Schüsseln und Teller der Deutschen schauen, sondern uns auf den folgenden Seiten auch umtun, was sie zu Tisch aus Gläsern und Bechern trinken …

Zur Abbildung auf Seite 2: Deutschland ist Weinland. Nur an den warmen Hängen wird aus der Rebe auch ein edles Gewächs. Dennoch reichen die Anbaugebiete im Norden bis an die Saale und die Unstrut, im Osten bis an die Elbe, im Westen bis an die Ahr. Entlang der Mosel, dem Main, Neckar und Rhein und ihren Nebenflüssen bis weit in den Süden am Bodensee werden gute Tropfen an- und ausgebaut.

Nächste Doppelseite: Ähnlich wie in den Weinländern die Lese ist in den Hopfenanbaugebieten die Hopfenernte einer der Höhepunkte des Jahres. Es folgt die Zeit der Feste, die mit einem gehörigen Maß an Bodenständigkeit und Traditionsbewußtsein gefeiert werden.

Do hoga de, de oiwei
do hoga.
Stammtisch

Ein Saft aus Gerste oder Weizen

Blicken wir auch einmal zurück, was die alten Deutschen, die Germanen, seinerzeit getrunken haben – nicht aus Gläsern oder Bechern übrigens, sondern sie leerten im eigentlichen Sinne „urige“ Hörner vom Ur- oder Auerochsen. Und da man ein solches Horn nicht gut abstellen kann, wenn noch etwas drin ist, haben alte und junge Germanen es wohl gleich bis zur Spitze leergetrunken. Kein Wunder, daß Tacitus seinen römischen Mitbürgern über das ansonsten so vorbildliche und tapfere Volk im Norden erzählte: „Gegen den Durst haben sie nicht die gleiche Mäßigkeit (wie beim Essen). Wenn man ihrer Trunksucht entgegenkommen und so viel heranschaffen würde, wie sie verlangen, so könnte man sie wohl nicht weniger leicht durch ihr Laster als mit Waffen besiegen.“

Was hat ihnen denn so gut geschmeckt, daß sie es beim Trinken auf die Spitze trieben? Im allgemeinen stellt man sich ja die germanischen Recken in ihrer reichlichen Freizeit auf Bärenfellen liegend und Met trinkend vor. Für diesen rausch- und schlafferdernden Trank hätten sie nach dem heutigen deutschen Weingesetz ein Kilogramm Honig höchstens mit zwei Liter Wasser mischen dürfen, bevor sie das Ganze der Gärung überließen.

Entweder haben die Germanen ihre Metgelage nur unter sich abgehalten und trotz ihrer sonst rühmenswerten Gastfreundschaft Ausländer davon ausgeschlossen, oder zur Zeit des Tacitus Ende des ersten nachchristlichen Jahrhunderts war Met schon nicht mehr in, denn er weiß davon nichts zu berichten, jedoch vom Bier: „Als Getränk dient ihnen ein Saft aus Gerste oder Weizen, der weinartig vergoren ist; die Anwohner der Ströme (Rhein und Donau) kaufen auch Wein.“

Wenn die Römer damals überhaupt etwas vom Bier hielten, dann galt es ihnen nur als ein Trank der Barbaren. Und wenn die trauernden Hinterbliebenen eines römischen Bierhändlers *(cervesarius)* aus der Gegend von Trier ihm im Jahre 260 n. Chr. auf den Grabstein meißeln ließen, er habe für seine Kundschaft Bier von germanischen Frauen gekauft, so hatte er dies wohl um der germanischen oder gallischen Hilfssoldaten willen getan; mit denen verteidigten ja die Römer ihren Limes gegen die andrängenden bösen Germanen.

Daß dieser *cervesarius* den Gersten- oder Weizensaft von den blondgelockten Frauen der Barbaren bezog und nicht von den blondbärtigen Mannen, braucht uns nicht zu wundern, denn bis in die Neuzeit hinein wurde zu Hause nicht nur gebacken, sondern auch gebraut, und beides war Sache der Hausfrau. Zu den Siebensachen, die eine deutsche Jungfrau aus guter, begüterter Familie früher hoch zu Wagen in das Haus ihres Bräutigams fahren ließ, gehörten nicht nur Wäsche, Töpfe und Pfannen – in Schwaben das Spätzlebrett nicht zu vergessen –, sondern auch ein voluminöser Braukessel.

Die ursprüngliche Verbindung von Backen und Brauen kommt übrigens nicht von ungefähr. Nicht nur die alten Sumerer und Ägypter rösteten Teigfladen, brockten sie in Wasser und ließen diese Brühe dann gären. In dem Dorf Kasendorf am Main, nicht weit von Kulmbach, fand man das Grab eines vornehmen Kelten aus dem 8. Jahrhundert v. Chr., und in einem Krug, aus dem er im Jenseits trinken sollte, waren noch vertrocknete Reste von Bier aus Fladenbrot zu erkennen. Als die Germanen dann in den letzten vorchristlichen Jahrhunderten von den Nord- und Ostseegestaden aus in das mittlere und südliche Deutschland vordrangen, machten sie sich nicht nur das Land der Kelten zu eigen, sondern wahrscheinlich auch deren Braukunst.

Wer endlich auf die Idee kam, die Fladen wie ursprünglich nur noch zum Essen zu backen, aber für das Bier die Gersten- oder Weizenkörner, hier und da auch Hafer oder Roggen keimen zu lassen, um sie dann zu rösten, zu „darren“ – wir wissen es nicht. Ebenso wenig kennen wir denjenigen, der dem Bier mit Hopfen erst die rechte Würze gab und es damit auch haltbarer machte. Einen Hopfengarten gab es zwar schon im Jahre 768 im bayerischen Freising, aber erst vier Jahrhunderte später berichtet die heilige und kräuterkundige Hildegard von Bingen, daß man zum Bierbrauen Hopfen verwendet. Ob also schon der erste Pater Braumeister des Benediktinerklosters Weihenstephan, dessen Abt Arnold im Jahre 1040 durch Bischof Egilbert Brau- und Schankrecht verliehen bekam, in sein Abendgebet die Bitte einschloß „Hopfen und Malz, Gott erhalt's“, das ist nicht sicher.

Einer, der vom Hopfen überhaupt nichts hielt, war der Braunschweiger Brauer Christian Mumme. Das Malzbier, das er erstmals 1492 ausschenkte, war so stark, daß es auch ganz ohne Hopfen lange haltbar war. Wegen beider Eigenschaften war denn auch die Braunschweiger Mumme bei Generationen von Seefahrern äußerst beliebt.

„Herttel pyrprew“, dessen Abbild im illustrierten Mitgliederverzeichnis der Mendelschen Zwölfbrüderstiftung zu Nürnberg um 1430 erstmals einen deutschen Brauer bei der Arbeit zeigt, hat seinen Mitbrüdern hoffentlich nichts Unrechtes in ihr Bier gebraut. Nicht immer waren nämlich Gerste – bei Weißbier und Berliner Weiße auch Weizen –, Hopfen, Hefe und Wasser in deutschen Landen die einzigen Bierzutaten. Die Germanen würzten ihr Bier mit Myrte, Eschenlaub und Eichenrinde; auch Blaubeer- und Pilzbier soll es damals gegeben haben. Die Mönche des Mittelalters, denen das dünne Haferbier der abgabepflichtigen Bauern nicht schmeckte, ob mit oder ohne Honig als Zusatz gebraut, waren da noch erfindungsreicher, was die rechte Geschmacksabrundung betraf: Wermut, Hirse, Fenchel, Wacholder, Nelken, Salbei, Schafgarbe, Kirschblüten (mag ja alles noch angehen); Eichen-, Birken- und Kieferrinde (klingt ganz germanisch); Kienruß und Ochsengalle (da dreht's heute wohl auch den ausgepichtesten Biertrinkermagen rum).

Wenn solches Gebräu selbst hinter heiligen Klostermauern gepanscht wurde, wie mag es da sonst im Lande geschmeckt haben, das deutsche Bier! Kein Wunder, daß der Kampf für seine Reinheit viele Jahreszahlen verzeichnet. So verbaten sich 1453 die Regensburger Stadtväter Samen, Gewürze und Gestrüpp im Bier.

Am 23. April 1516 schließlich verfügten Herzog Wilhelm IV. von Bayern und sein mitregierender Bruder Ludwig X. auf dem Landständetag zu Ingolstadt für das ganze bayerische Herzogtum, daß „zu kainem Pier, merer stückh, dann allain Gersten, Hopffen, und wasser, genomen und gepraucht sölle werden“.

Dieses herzogliche Machtwort, als Reinheitsgebot des Bieres vielgepriesen, gilt als das älteste noch heute gültige Lebensmittelgesetz der Welt. Andere deutsche Länder übernahmen es, wenn auch zum Teil erst spät. 1906 wurde es inhaltlich in das Biersteuergesetz des Deutschen Reiches aufgenommen.

Von der Forderung, kein anderes Getreide als Gerste zur Malzbereitung zu verwenden, sind nur die obergärigen Biere ausgenommen: die Weiß- oder Weizenbiere natürlich, die zwischen einem Viertel und zwei Dritteln Weizenmalzanteil haben, die Kölschbiere und die Altbiere aus dem Rheinland und dem Münsterschen.

Das „Alt“ hat seinen Namen nicht etwa, weil es besonders lang gelagert und dadurch gereift wäre, sondern weil es auf die althergebrachte Art gebraut wird, und das trifft auch auf die anderen obergärigen Biere zu, bei denen sich die Hefe im offenen Gärbottich bei 15–20° C oben absetzt und abgeschöpft wird. Im 15. oder 16. Jahrhundert fand man ein anderes Brauverfahren heraus. Wenn man die „Würze“, das noch unfertige Bier, nach dem Sud stärker abkühlte auf 5–9° C, setzte sich die Hefe im Gärbottich nicht oben ab, sondern unten. Es entstand ein untergäriges Bier. Daß dabei eine andere Hefeart zur Wirkung kommt als beim obergärigen Brauen, entdeckte erst die Wissenschaft des 19. Jahrhunderts.

Den Bayern schmeckte übrigens trotz des herzoglichen Reinheitsgebots das norddeutsche Bier nach wie vor recht gut, denn im Norden verstand man schon lange etwas von der Kunst des Brauens. Magdeburg exportierte schon 1023 sein Bier. Die Hamburger brauten im 16. Jahrhundert jährlich gar 25 Millionen Liter und verschifften es nach Schweden, ins Baltikum und fuhren es bis Rußland. Ein besonders starkes und damit lager- und transportfähiges Bier brauten im späten Mittelalter die Bürger von Einbeck in Niedersachsen – und verkauften es an zahlungsfähige Fürstenhöfe in allen Landen, so auch an den bayerischen. Um nicht mehr so viel von dem guten „Ainpöckischen Bier“ kaufen zu müssen, fingen die Herzöge von Bayern selbst an zu brauen, zunächst auf Burg Trausnitz in Landshut, dann ab 1591 in München am Platzl, im Hofbräuhaus. Und 1612 importierte man schließlich noch einen wahrhaftigen Braumeister aus Einbeck nach München: Elias Pichler. Von da an wurde das Starkbier aus dem Hofbräuhaus so populär, daß die Bayern sich das „Ainpockbier“ als „Oanbock“ und endlich als „Bock“ einverleibten, seit 1810 übrigens nicht mehr nur aus dem Hofbräuhaus.

Gewissermaßen als Ausgleich wanderten im vorigen Jahrhundert zwei bayerische Brauer ins böhmische Plzeň oder Pilsen aus. Dort wurde schon seit 1295 Bier gebraut, und der böhmische Hopfen war weithin berühmt. Dieser Hopfen, das gute Wasser von Pilsen und die Kunst der beiden Bayern machten den „Pilsener Urquell“ ab 1842 in allen Landen so beliebt, daß bald allüberall „Biere nach Pilsener Art“, „Pilsener“ und „Pils“ aus den Brauereien flossen.

Vielleicht ist München die populärste Bierstadt Deutschlands, und zu ihrem Ruhm hat gewiß die „Wies'n“ mit ihrem seit 1810 gefeierten Oktoberfest beigetragen. Das älteste deutsche Bierfest ist es jedoch nicht, denn das beginnt seit 1755 an jedem Donnerstag vor Pfingsten in Erlangen: die Bergkirchweih. Und die größte deutsche Bierstadt an gebrauten Hektolitern ist Dortmund, das nach Milwaukee sogar auf Platz 2 der Weltrangliste steht.

Einen unumstrittenen ersten Rang nimmt seit etwa hundert Jahren der Kulmbacher Eisbock ein. Mit 28 Prozent Stammwürze ist er das stärkste Bier der Welt. Aber welches ist das beste? Wir können es nicht entscheiden, denn der Geschmack ist nicht meßbar. Die Statistiker sagen uns zwar, daß der ostfriesische Bierdurst pro Kopf nur knapp ein Viertel so stark wie der bayerische ist, doch an der Qualität des dort gebrauten Bieres liegt's nicht: Es schmeckt herrlich. Aus dem Schwarzwald, aus der Eifel kommen leckere Biere. Die fränkischen Rauchbiere haben viele Liebhaber. Das Radeberger Pils aus der Gegend von Dresden ist weltberühmt, das Pils aus Wernesgrün kennt jeder in den neuen Bundesländern.

Auf die Gefahr hin, mit Maßkrügen, Seideln oder Humpen erschlagen zu werden, weil wir nicht alle die guten Brauorte in deutschen Landen hier aufzählen, hören wir jetzt auf mit der Empfehlung an unsere Leser, immer wieder aufs neue zu probieren, wie das prickelnde Gebräu unter der Schaumkrone schmeckt, ob es nun hellgelb leuchtet oder dunkelbraun Gemütlichkeit ausstrahlt.

Vinum, der Wein

„... die Anwohner der Ströme kaufen auch Wein", haben wir von Tacitus schon erfahren, und er berichtet über die Germanen gegen Ende des 1. Jahrhunderts n. Chr. Vielleicht kannten sie die Rebe bis dahin noch gar nicht. Jedenfalls erließ Kaiser Domitian (81–96 n. Chr.) für die römisch besetzten Gebiete ein Weinanbauverbot, und die Winzer im römischen Mutterland wie die Händler an Rhein und Donau werden ihm diese Fürsorge gedankt haben. Doch nicht lange, denn keine hundert Jahre später wird an der Mosel Wein gelesen, wie im Boden gefundene Winzermesser und Küferwerkzeuge beweisen, vor allem aber die herrlich erhaltenen Grabdenkmäler aus Neumagen mit Szenen aus dem Leben der Winzer und Weinhändler. Und Kaiser Probus (276–282) förderte sogar den Weinbau an Rhein und Mosel in jeder Weise.

Als über die Völker Europas dann die große Wanderlust kam, wurde es recht still in Germaniens Weingärten. Erst nachdem jeder Stamm sein Plätzchen auf der Landkarte gefunden hatte und an Ort und Stelle angekommen war, fing man wieder an zu hacken, zu pflanzen und zu ernten. Und mit dem Einzug des Christentums wurde der Wein sogar sehr wichtig, weil die Priester ihn zur Feier der heiligen Messe brauchten. So nahmen sich denn auch die Klöster seit dem frühen Mittelalter besonders des Weinbaus an.

Doch auch für Speise und Trank der Klosterinsassen mußte gesorgt werden. Deshalb wurde auf dem Konzil zu Aachen im Jahre 817 genau festgelegt, was Mönch und Nonne täglich beanspruchen konnten. Diese sogenannte Zumessung wurde übrigens auch bei den Getränken in Pfund angegeben (wahrscheinlich das römische Pfund mit knapp einem Drittel Kilogramm). Wenn man das auf Liter umrechnet, bekam der Mönch in einem reichen Kloster mit viel Wein ringsum täglich etwa anderthalb bis zwei Liter Wein, in einem armen Kloster knapp zwei Drittel Liter. Gab es weit und breit keinen Wein, mußte der Bruder Kellermeister trotzdem noch ein Drittel Liter Wein für jeden Mönch täglich bereithalten, ob armes oder reiches Kloster, dazu ein bis anderthalb Liter Bier. Die Nonnen bekamen weniger, mußten sogar unter Umständen nur mit Bier vorlieb nehmen.

Gegen Ende des Mittelalters war der Rebstock in Gegenden vorgedrungen, wo man heute Weinbau für vollkommen unmöglich ansieht. Was halten Sie etwa von dem Anbaugebiet Ostpreußen, vielleicht einem Tilsiter Klostergärtchen Jahrgang 1356 (extra trokken)? Oder mögen Sie lieber ein Küstriner Pfaffenstück aus der Mark Brandenburg? Der älteste Jahrgang aus des Heiligen Römischen Reiches Streusandbüchse ist uns 1173 bekannt. Sogar 1862 gab es in Brandenburg noch 1146 Hektar Weingärten. So verzeichnete die deutsche Weinbaulandkarte früher Rebstöcke in Pommern (ab 12. Jahrhundert), in Mecklenburg und Schleswig-Holstein (im 16. Jahrhundert), im Hannoverschen (11. Jahrhundert), im Münsterland (12. Jahrhundert); in Schlesien um Grünberg, in Sachsen und Sachsen-Anhalt wird bis heute Wein angebaut. Daß der Rhein, die Mosel, Saar und Ruwer nicht weiß waren auf dieser Landkarte, ist selbstverständlich, ebenso wie ganz Süddeutschland. Daß aber Ende des 14. Jahrhunderts badischer Wein in mehreren Orten auf der Baar in über 700 Meter Höhe von der Sonne verwöhnt wurde, will man zwar kaum glauben, aber es ist bezeugt.

Damals wie heute konnten die Winzer nicht immer gleich zufrieden mit dem Weinherbst sein. Zu viel des Guten soll es 1154 in der Gegend von Konstanz gegeben haben, so viel jedenfalls, daß man den Kalk damit anrührte oder den Wein gleich wegkippte, um Platz für den nächsten Jahrgang zu haben. In anderen Jahren blieben viele Fässer leer. Da sah sich dann mancher Winzer, Händler oder Wirt leider gezwungen, den mangelnden Erntesegen durch Wasser auszugleichen – und die Obrigkeit sah sich dann leider gezwungen, mit harten Strafen durchzugreifen. In Überlingen wurde 1471 ein Winzer bei lebendigem Leib eingemauert.

Als ganz legal wurde es meist angesehen, den Wein zu „verbessern", zumal die „Wirz- und Kreutelweine" den Arztbesuch ersparen konnten. Trinken Sie doch auch bei Blutspeien, Bauchgrimmen, Angina, Schlangenbiß, Brustschmerzen, Pestilenz oder Ruhr täglich mehrfach ein oder zwei Gläschen des würzigen Alantweines!

Der Pfarrer Friedrich Helbach aus Eckartshausen wußte zwar 1604 in seiner „Oenographia. Weinkeller oder Kunstbuch vom Wein" den Lesern zu berichten, daß süßer Wein allen schadet, „denen die innerlichen Glieder verfaulen oder die Verstopfung der Nieren haben", doch andererseits „lindert er die Luftröhren und erweicht die Brust". Drum: „Nimm drei Maß Vorschuß (den ersten, besten Saft aus der Kelter) und ein Pfund Senf, tu es untereinander, gieß es in das Faß und rühr es durcheinander, so hört es auf zu gären und bleibt süß."

Auch wenn Sie ein Freund des Rotweins sind, aber nur noch weißen im Keller haben, hat Pfarrer Helbach guten Rat: „Nimm aus der Apotheke Torna solis, das sind Tüchlein von Farben violbraun, in welche man den Saft von Drachenblut (wie Lonicerus) gezogen hat, ebenso römische Rosen und rote Rosen, diese 3 Stück häng in einem Säcklein in Wein, so wird er nicht allein wohlschmeckend, sondern auch schön rot."

In badischen Landen allerdings hätte Herr Pfarrer mit solcherart Weinen „gebührende Strafe an Leib und Gut" erfahren, denn schon 1495 hatte Markgraf Christoph I. die erste badische Weinordnung erlassen, in der es unter anderem heißt: „Es soll keiner, der Wein zu verkaufen hat, denselben mit anderen Dingen oder Arzneien ermischen, sondern jegliches Gewächs rein belassen, wie es erwachsen ist. Doch mag einer zur Bereitung der Fässer wohl ein Ringlein Schwefels gebrauchen, um den Wein frisch zu machen, soweit es den Menschen unschädlich bleibt. Ferner soll niemand einigen Wein mit anderleiigem untermischen, sondern jegliche Gattung, sei es Elsässer, Ortenauer, Breisgauer, Rhein- oder Landwein unvermengt lassen, wie er gewachsen und an sich geworden."

Ein Reinheitsgebot für den Wein, noch älter als das bayerische für das Bier. Doch wird nicht viel Geschrei darum gemacht. Liegt das an badischer Bescheidenheit?

Auch wenn es hie und da noch heute eine Wirtschaft geben soll, in der der Gast auf seine Frage nach Wein nur die Gegenfrage hört: „Rot oder weiß?" – es gibt doch mehr Unterschiede als nur rote und weiße Reben. Außerdem kann man zwar aus weißen Trauben keinen Rotwein machen, es sei denn nach Pfarrer Helbachs Rezept, doch wenn der Winzer den frisch gepreßten Most der roten Trauben nicht auf den Schalen vergären läßt wie beim Rotwein, haben Sie später im Glas einen hellen Wein, fast so hell wie Weißwein. *Weißherbst* steht auf dem Etikett, außerdem die Rebsorte. Läßt man den Most teilweise an der Maische vergären, entsteht ein *Rosé.* Doch nicht jeder rosa im Glas schillernde Wein ist wie dieser entstanden. In Württemberg kann Roter und Weißer im Mischsatz angebaut oder auch verschnitten werden zum *Schillerwein,* und wenn auf der Weinkarte ein *Badisch Rotgold* steht, so ist der in Baden aus Ruländer und Spätburgunder verschnitten.

Diese zwei Rebsorten zählen beide zur großen Familie der *Burgunder,* im Ausland, besonders in Frankreich, Pinot genannt. Der *Spätburgunder* ist die in Deutschland am meisten angebaute Rotweinrebe, vor allem in Baden, an der Ahr, in Aßmannshausen, in Ingelheim und auch in Württemberg zu finden.

An zweiter Stelle der deutschen Rotweine steht der *Blaue Portugieser.* Trotz seines Namens gilt seine Herkunft aus Österreich als sicher. Er wird vor allem in der Rheinpfalz und in Hessen gepflegt.

Klein und unansehnlich sind die Blütenstände der Trauben, und man will es kaum glauben, daß aus so unscheinbaren Gewächsen edler Wein entstehen kann.

In Württemberg als Roter viel wichtiger ist der *Trollinger,* eine aus Südtirol stammende Rebsorte. Bei den schwäbischen „Weinzähnen" ist dieser frische, leichte Rotwein äußerst beliebt. Als Kreuzung mit der weißen Muskatellerrebe entstand der rote *Muskat-Trollinger.*

Auch rot und fast ausschließlich in Württemberg angebaut ist der *Schwarzriesling.* Mehr als nur den Namen hat er jedoch nicht mit dem Riesling gemein. In Frankreich heißt er sehr treffend Pinot meunier, in Deutschland offiziell *Müllerrebe* wegen seiner weißlichen, wie bemehlten Blattunterseite. Eine Mutation des Schwarzriesling ist der *Samtrot.*

Auch der *Lemberger* ist eine rote württembergische Spezialität, aus den Donauländern stammend und in Österreich Blaufränkisch genannt.

Neuere Rotweinzüchtungen sind *Heroldrebe* und *Helfensteiner.*

Sehr viel größere Bedeutung als die Rotweine haben in Deutschland die weißen. Entsprechend vielfältiger sind auch die Rebsorten. Vielleicht die älteste deutsche Weißweinrebe ist der *Riesling.* Er liefert viele hervorragende Weine und nimmt auch die bevorzugten Lagen im Rheingau, an Mosel, Saar und Ruwer ein, ebenso am Mittelrhein, an der Nahe, in Rheinhessen, in der Rheinpfalz, an der Hessischen Bergstraße, in Franken, Württemberg und Baden. Vor allem trocken ausgebaut hat der Riesling viele Freunde, die kaum einen anderen Weißwein neben ihm gelten lassen wollen.

Eine andere schon sehr alte Rebe, vermutlich aus Südeuropa stammend, ist der *Silvaner.* Früher nahm er sogar den größten Anteil der deutschen Anbaufläche ein, wird aber von Neuzüchtungen stark zurückgedrängt, obwohl er als leichterer, etwas weicher Wein manche von ihnen an Qualität übertrifft.

Die älteste und zugleich erfolgreichste Neuzüchtung ist der *Müller-Thurgau,* von Hermann Müller aus Thurgau in der Schweiz 1882 an der Weinbauforschungsanstalt Geisenheim aus Riesling und Silvaner gekreuzt. Dem Silvaner kommt er in seiner weichen, ansprechenden Art mit geringem Säuregehalt am nächsten. Er nimmt heute ein Viertel der gesamten deutschen Rebfläche ein, mehr als seine beiden Stammväter zusammen.

In dem württembergischen Städtchen Weinsberg wurde aus Trollinger und Riesling der *Kerner* gekreuzt, der seinem weißen Elternteil Riesling außer der Farbe auch manches von seinem Charakter verdankt. Er ist etwas würziger, aber selten so rassig wie dieser. Die Winzer in der Rheinpfalz, in Rheinhessen, seiner württembergischen Heimat und an Mosel, Saar und Ruwer bauen ihn gerne an.

Besonders in Rheinhessen und der Rheinpfalz hat sich die *Scheurebe* als Neuzüchtung aus Silvaner und Riesling durchgesetzt. Auffällig ist ihr starkes Bukett.

Der römische Weingott *Bacchus* lieh seinen Namen einer Züchtung, die gewissermaßen als Großeltern je zweimal Riesling und Silvaner hat: Eine neuere Kreuzung aus diesen beiden wurde nochmals mit Müller-Thurgau gekreuzt, dessen Eltern sie ja auch sind. Das Produkt verspricht den Winzern reiche Erträge.

Den *Ruländer* haben wir schon im Zusammenhang mit dem Badisch Rotgold erwähnt. Er wird wegen seiner leicht ins Graue gehen-

Einige Rebsorten, die in Deutschland angebaut werden. Oben von links nach rechts: Ruländer, Silvaner, Müller-Thurgau. Links Mitte: Burgunder, darunter: Muskateller. Großes Bild: Riesling.

den rosa Trauben auch *Grauer Burgunder* genannt, eine alte Rebsorte, die zum Teil ausgezeichnete Weine bringt.

Vor allem in Baden trifft man auch auf den *Weißen Burgunder,* wahrscheinlich eine Mutation des Grauen Burgunders.

Der *Gutedel* ist die bevorzugte Rebe im badischen Markgräflerland. Er wird wegen seiner angenehmen, säurearmen Art gerne als Schoppenwein getrunken, kann aber auch von ganz ausgezeichneter Qualität sein.

Eine weitere alte Rebsorte von hervorragender Güte ist der *Traminer* mit seiner zu Recht *Gewürztraminer* genannten Variante – wahrscheinlich nur dem Namen nach aus dem Südtiroler Weinort Tramin stammend. In Deutschland treffen Sie ihn in der Rheinpfalz und in Hessen an, auch in Baden, doch heißt der Traminer dort *Klevner.* Wundern Sie sich aber nicht, wenn Sie auch einmal einen roten Klevner in Deutschland vorgesetzt bekommen. Er stammt aus Württemberg und ist tatsächlich ein *Frühburgunder.* Unter diesem, seinem eigentlichen Namen erbringt er in Franken manchen beachtlichen Rotwein.

„Zum Zuspitzen" können Sie bei besonderer Gelegenheit Ihren Gästen einen *Muskateller* kredenzen – eine Rebsorte von sehr altem Adel. Entsprechend selten findet man diesen ausdrucksvollen Wein auch in Württemberg, Baden und der Rheinpfalz.

Außer den hier genannten weißen Sorten kennt man in Deutschland noch ein rundes Dutzend Neuzüchtungen. Manch einer von ihnen ist anzumerken, daß ihre Ziehväter es auf möglichst hohe Hektarerträge abgesehen hatten. Andere haben bereits ihre Liebhaber unter den Weinfreunden gefunden.

Außer Angaben über die Herkunft und die Rebsorte sind auf den Weinetiketten noch Hinweise auf die Qualitätsstufe zu finden. Das deutsche Weingesetz in der Fassung vom 27. August 1982 kennt acht Kategorien, für die jeweils Mindestanforderungen festgesetzt sind. Dabei gibt es beim Mostgewicht, den Oechslegraden, je nach Anbaugebiet und Rebsorte unterschiedliche Grenzwerte.

Zählen wir sie auf und beginnen mit dem einfachen *Tafelwein.* Die etwas gehobene Stufe des Tafelweins ist der *Landwein* mit geographischer Ursprungsangabe wie „Pfälzer Landwein", jedoch noch ohne Lagebezeichnung. Er darf nur „trocken" oder „halbtrocken" angeboten werden.

Es geht weiter mit dem *Qualitätswein,* bei dem man auch den Zusatz „b. A.", „bestimmten Anbaugebietes" liest. Seine Qualität ist amtlich geprüft, und die Prüfnummer trägt er – wie auch alle folgenden – auf dem Etikett. Und diese folgenden nennt man *Prädikatsweine,* weil sie mit einem qualitätssteigernden Zusatz ausgezeichnet sind: *Kabinett, Spätlese, Auslese, Beerenauslese, Trockenbeerenauslese* und *Eiswein.* Für die Stufen von der Spätlese an werden außer bestimmten Oechslegraden auch besondere Anforderungen an die Lese gestellt. Die Bezeichnungen deuten das schon an. Ein Eiswein wird bei mindestens sieben Grad Kälte gelesen und gekeltert. Der Frost hat dabei den Wassergehalt gebunden und den Most mit hoher Süße und gleichzeitig hoher Säure konzentriert.

Abgesehen von den beträchtlichen Preisen, sind Weine mit den „höchsten Weihen" indes nicht jedermanns Geschmack, und schon gar nicht kann man sie zu jeder Gelegenheit trinken. Das Hauptaugenmerk bei der Auswahl richtet sich im allgemeinen auf die Kategorien vom normalen Qualitätswein bis zur Spätlese, wobei das höhere Prädikat nicht unbedingt den besseren Geschmack bezeugen und einen höheren Preis rechtfertigen muß. Beim Weinkauf ist deshalb der eigene Gaumen der höchste Richter.

„Und wenn man den Wein kosten will, soll man selben lange im Mund halten und also gantz langsam herunterlaufen lassen, so kann man dessen Kräffte, Geschmack und Eigenschafft erkennen", rät Johann Peter Knohll 1711. Dabei erweist sich dann, ob der Wein das, was er vorne im Mund verspricht, hinten bis zum Zäpfchen hinunter auch hält.

Da wir den Wein oft als willkommenen Gesellen bei Tisch haben, zum Schluß noch eini-

Sehr schön stellte Joseph Navratil in seinem Gemälde „Im Weinkeller des Herrn Chlumecky" die genießerische Aufmerksamkeit dar, die diese liebenswerten Weinzähne dem edlen Getränk widmen.

ge wenige Worte zum Thema „Welcher Wein zu welchem Essen". Die verbreitetste Regel „Weißer Wein zu hellem Fleisch und Fisch – roter Wein zu dunklem Fleisch" muß nicht unumstößlich sein. Wir können zu gekochtem Rindfleisch durchaus einen kräftigen, trockenen Weißwein empfehlen, und warum soll man zu gebratenen Schollen nicht auch einmal einen leichten Trollinger trinken. Wichtig ist, den Wein so zu wählen, daß er nicht mit kräftigem Aroma die feinen Geschmacksnuancen des Essens totschlägt, aber bei schwerer Speise auch nicht zu leicht und mild ist und dadurch nicht zur Geltung kommt. Wenn man diesen Grundsatz beachtet und seinen Weinkeller kennt, wird man schon die richtige Flasche zum passenden Essen aus dem Regal ziehen.

Und noch ein Tip, da man Wein ja nicht nur *zum* Essen, sondern gelegentlich auch *im* Essen genießen möchte, also zum Kochen benötigt: Jede Speise ist nur so gut wie alle ihre Zutaten. Niemandem würde es einfallen, etwa zum Anbraten Fett minderwertiger Qualität zu verwenden. Also sollte man zum Kochen auch nicht einen „Kochwein" niedrigster Preisklasse und meist exotischer Herkunft wählen. Äußerst selten wird man in der Küche literweise Wein benötigen, so daß auch ein Qualitätswein keine Vergeudung ist. Ein „Prädikat" muß er ja nicht gerade haben. Meist ist halbtrockenen bis trockenen, kräftigen Geschmacksrichtungen der Vorzug zu geben.

Nach allen diesen gutgemeinten Ratschlägen sind wir sicher, daß Sie die rechte Getränkewahl treffen werden, entweder, weil Sie jetzt endlich Bescheid wissen – oder weil Sie unseren Rat gar nicht mehr brauchen. Jedenfalls entlassen wir Sie nun zu den kulinarischen Streifzügen durch die deutschen Lande mit einem herzlichen Wohl bekomm's!

Aachener Printen

Rheinland

Nur selten werden sie noch „gedruckt", wie es ihr niederdeutscher, mit dem englischen „printing" verwandter Name eigentlich verlangt. Doch es gibt noch Printenbäcker, die aus altüberlieferten, bis zu einem Meter großen Modeln Männer- und Frauengestalten abprägen und nach dem Backen kunstvoll mit Zuckerguß aus der Spritztüte verzieren.

250 g Rübensirup, 200 g Zucker, 60 g Butter, 6 EL Wasser, 5 TL Zimt, je 1 TL gemahlene Nelken und Kardamom, 1/2 TL Muskat, je 50 g gewürfeltes Zitronat und Orangeat, 1 1/2 Päckchen Backpulver, 500 g Mehl, Mehl zum Ausrollen des Teigs, Butter für das Backblech, 1 EL Kartoffelmehl, 1/8 Liter Wasser

Den Rübensirup mit Zucker, Butter und Wasser erhitzen und verrühren, bis die Butter geschmolzen ist. Im Wasserbad bis Handwärme abkühlen lassen, in eine Rührschüssel umfüllen und die Gewürze, Zitronat und Orangeat hineinrühren. Das Backpulver unter das Mehl mischen und beides nach und nach unter die Rübensirupmasse rühren, schließlich hineinkneten. Den Teig etwa 2 Stunden ruhen lassen, dann auf einem bemehlten Brett etwa 5 mm dick ausrollen, in etwa 3×8 cm große Streifen schneiden und auf dem gefetteten Backblech auslegen. Das Kartoffelmehl mit dem Wasser anrühren und so lange erhitzen, bis ein streichfähiger Brei entstanden ist, der dünn auf die Teigstreifen gepinselt wird, bevor sie im vorgeheizten Backofen bei 200°C etwa 15 Minuten gebacken werden. Danach sofort nochmals überpinseln. Statt mit dieser Glasur kann man die Printen auch mit Schokoladenkuvertüre überziehen. Sie sollten vor dem Verzehr 2–3 Wochen kühl gelagert werden.

Gedeckter Apfelkuchen

Westfalen

Ein Apfelkuchen ist, gleich in welchen Landschaften Deutschlands, sicher keine kulinarische Rarität. Man trifft ihn in vielfältigen Varianten überall an. Hier eine aus Westfalen mit Mandeln und ausgesprochen sauren Äpfeln.

Für den Teig: 375 g Mehl, 180 g Zucker, 150 g Butter, 1 Ei, 2 TL Backpulver, 1 EL Milch, Butter zum Ausfetten.
Für die Füllung: 1 kg saure Äpfel, 1 Zitrone, 30 g Haselnüsse, 30 g Rosinen, 4 EL Zucker, 1/2 TL Zimt.
Für die Garnierung: 100–125 g gehobelte Mandeln, etwas Zucker, Butter

Für den Teig aus den Zutaten einen Mürbeteig kneten. 30 Minuten an einem kühlen Ort ruhen lassen. Aus Dreiviertel des Teigs einen Boden ausrollen und in eine gefettete Springform (∅ 28 cm) geben. An den Rändern den Teig hochdrücken.

Für die Füllung die Äpfel schälen, würfeln, mit Zitronensaft beträufeln. Zusammen mit den kleingeschnittenen Nüssen, den Rosinen, Zucker und Zimt gut vermischen. Etwas Saft ziehen lassen. Die Füllung auf dem Kuchenboden gleichmäßig verteilen. Aus dem restlichen Teigviertel eine Platte ausrollen und mit ihr die Füllung abdecken. Am Rand fest andrücken. Darüber die Garnierung aus Mandeln, etwas Zucker und Butterflöckchen geben. Bei 175°C in etwa 60 bis 70 Minuten goldbraun backen.

Bayerisch Kraut

Bayern

Als die Amerikaner den Deutschen den Spitznamen „Krauts" verpaßten, dachten sie sicherlich an das Sauerkraut als die der Deutschen angeblich liebste Speise. Daß eine andere Zubereitungsart des „white cabbage" zumindest in Bayern ähnlich beliebt ist, können sie auf ihrem Deutschlandtrip ebenso lernen wie die enttäuschende Tatsache, daß Sepplhosen tragende Bayern in Deutschland eher selten als die Regel sind.

1 Kopf Weißkraut (ca. 1 kg),
40 g Schweineschmalz, 1 EL Zucker,
1 Zwiebel, 2 Äpfel, 1/2 TL Salz,
1 Prise gemahlener Kümmel, ca. 1/2 Liter Fleischbrühe, 2 Kartoffeln, 2 EL Essig,
1/8 Liter Weißwein

Vom Krautkopf die äußeren, unschönen Blätter entfernen, den Strunk und die dicken Rippen herausschneiden. Das Kraut hobeln oder in schmale, kleine Streifen schneiden. Das Schmalz im Topf erhitzen, den Zucker etwas darin anbräunen und die kleingehackte Zwiebel kurz mitdünsten. Die ungeschälten Äpfel kleinschneiden und mit dem Kraut, den Gewürzen und der Fleischbrühe in den Topf geben. Etwa 1/2 Stunde kochen lassen, dann zum Binden die rohen, geriebenen Kartoffeln zugeben und in einer weiteren halben Stunde das Kraut weichkochen. Mit Essig und Weißwein abschmecken. Dazu Bratwürste schön braun gegrillt oder aus der Pfanne, Bauernbrot oder Salzkartoffeln – und natürlich ein Bier.

Bayerische Creme

Bayern

Die französische Haute Cuisine hat sich der Bayerischen Creme angenommen und sie unter dem Namen „Crème à la bavaroise" international geadelt. Vor lauter Vornehmheit trägt sie sich in diesen Kreisen auch etwas steifer, als es einer Creme gemeinhin zukommt. Wir müssen gestehen, daß wir sie in ihrer natürlichen Cremegestalt geschmackvoller finden. Wer eher ein dekoratives Auftreten schätzt, mag ihr noch einige Korsettstangen in Form von mehr Gelatine zukommen lassen.

Grundrezept:
4 Eigelb, 125 g Zucker, 1/4 Liter Milch,
1 Vanilleschote, 4–6 Blatt weiße Gelatine,
1/2 Liter süße Sahne

Eigelb und Zucker in einem Topf schaumig rühren. Die Milch mit der aufgeschnittenen Vanilleschote in einer Stielkasserolle aufkochen und durch ein Sieb langsam zu der Eigelb-Zucker-Masse rühren, bei geringer Hitze dicklich werden lassen – nicht kochen! Die in etwas kaltem Wasser eingeweichte, ausgedrückte Gelatine darin auflösen. Soll die Creme gestürzt werden, müssen 7–8 Blatt Gelatine verwendet werden. Den Topf in einen Behälter mit Eiswasser (Eiswürfel) setzen und unter sehr häufigem Rühren erkalten lassen. Wenn die Creme zu erstarren beginnt, die steifgeschlagene Sahne vorsichtig unterheben. In eine kalt ausgespülte Form füllen und mehrere Stunden, am besten über Nacht, in den Kühlschrank stellen. Eventuell stürzen. Mit Fruchtsoße, Kompott oder frischem Obst nach Belieben servieren.

Dieses Grundrezept läßt sich mit Schokolade, Kaffee, verschiedenen Früchten, Kastanien, Mandeln oder Likör abwandeln.

Bergische Kaffeetafel

Rheinland

„Kaffeedrenken mit allem Dröm on Dran" nennt man das im Bergischen Land, diesem von wasserreichen Tälern durchzogenen Ländchen der weiland Grafen von Berg zwischen Rhein, Ruhr und Sieg. Für einen Ortsfremden ist es ein Ereignis, was da zum Schmausen rings um die „Dröppelminna" aufgebaut ist, jene einem Samowar nicht unähnliche dreibeinige Zinnkaffeekanne, aus deren tröpfelndem Hähnchen früher sicher auch mal Muckefuck in die bauchigen Tassen floß. Korinthenplatz (Stuten) gehört dazu und Apfelkraut (streichfähig eingedickter, schwärzlicher Apfelsirup), Milchreis, Zimt und Zucker, Schwarzbrot (Vollkornbrot), Butter und Klatschkies (Quark), Honig und Waffeln und *Ballebäuschen.*

500 g Mehl, 30 g Hefe, 2 EL Zucker,
1/4 Liter Milch, 125 g Butter, 5 Eigelb,
abgeriebene Schale einer halben Zitrone,
je 1 Prise Zimt und Salz, 200 g Rosinen,
8 Eiweiß, 250 g Butterschmalz,
Zucker und Zimt

In der Mitte des Mehls die zerbröckelte Hefe mit Zucker und lauwarmer Milch anrühren. 30 Minuten warmstellen. Butter und Eigelb schaumig rühren, mit den Gewürzen und Rosinen unter das Mehl arbeiten, die steifgeschlagenen Eiweiß zugeben und kräftig durchkneten. Den Teig 1 Stunde gehen lassen. In der Ballebäuschen-Pfanne Fett erhitzen und je einen Eßlöffel Teig in die Vertiefungen geben oder im Fett schwimmend goldgelbe Ballebäuschen backen. Warm schmecken sie am besten, mit Zucker und Zimt bestreut.

Berliner Pfannkuchen

Berlin

Zu Silvester, Neujahr und zur Fastnacht gibt es traditionell fast überall in Deutschland süßes Hefegebäck. Die einen nennen sie Krapfen, die anderen Mutzen – schmecken tun sie alle. Allein der Berliner Pfannkuchen oder Ballen hat es zu einer überregionalen Beliebtheit gebracht, und man kann ihn heute das ganze Jahr über in fast jeder deutschen Bäckerei kaufen.

30 g Hefe, 1/8 Liter Milch, 1 TL Zucker, 400 g Mehl, 100 g Butter, 2 Eigelb, Salz, 150 g Pflaumenmus oder Konfitüre, Pflanzenfett zum Ausbacken, 125 g Zucker zum Bestreuen

Hefe zerbröseln, mit der lauwarmen Milch, dem Zucker und 150 g Mehl 30 Minuten an einem warmen Ort gehen lassen. Butter und Eigelb schaumig rühren, mit dem restlichen Mehl zum Hefevorteig geben. Eine Prise Salz hinzufügen, den Teig kräftig durchkneten und erneut eine halbe Stunde gehen lassen. Den Teig etwa 1/2 cm dick ausrollen und Kreise von 6–10 cm Durchmesser ausstechen. Auf ein Teigstück je einen Teelöffel Mus oder Konfitüre setzen, ein zweites Teigstück darüberlegen und die Ränder gut zusammendrücken. Nochmals eine Weile an einem warmen Ort ruhen lassen. Reichlich Pflanzenfett erhitzen und die Ballen im Fett schwimmend 8–10 Minuten ausbacken. Mit Zucker bestreut servieren.

Oberschlesischer Bigosch

Schlesien

Das polnische Nationalgericht *Bigos* hatte schon früher auch in Oberschlesien Heimatrecht, und zwar nicht nur bei dem recht starken polnischen Bevölkerungsteil, sondern auch in deutschen Familien. Es gibt Rezepte nur mit Weißkraut als Gemüse, nur mit Sauerkraut und wie in unserem mit beidem. Eine russische Variante des Bigos verschmäht jeglichen Gemüseanteil und bereitet gewürfelte Fleischreste in einer Einbrennsoße auf.

250 g durchwachsener Räucherspeck,
500 g Schweinehals, 50 g Schweineschmalz,
2 Zwiebeln, 2 Äpfel, 1–2 Knoblauchzehen,
1 EL Tomatenmark, 500 g Sauerkraut,
500 g Weißkraut, 1/2 Liter Weißwein,
4 Kartoffeln, 4 Knoblauchwürste,
1 Lorbeerblatt, je 1/2 TL Salz,
Kümmel und Majoran,
je 1 Prise Pfeffer und Paprika

Speck und Fleisch würfeln und im heißen Schmalz ringsum anbraten. Grob geschnittene Zwiebeln, in Scheiben geschnittene Äpfel und zerdrückte Knoblauchzehen zugeben und einige Minuten mitdünsten. Tomatenmark einrühren, zerpflücktes Sauerkraut, kleingeschnittenes Weißkraut zugeben und den Wein angießen, Kartoffeln schälen und würfeln, Würste in Scheiben schneiden und mit den Gewürzen in den Topf geben, alles miteinander vermengen und den Eintopf mit so viel Wasser auffüllen, daß er knapp bedeckt ist. Im zugedeckten Topf im Backofen bei mittlerer Hitze in 2 1/2–3 Stunden garen. Das Lorbeerblatt entfernen und den Bigosch nochmals abschmecken. Mit Bauernbrot zu Tisch geben.

Birnen, Bohnen und Speck

Niedersachsen

Süßes und Saures miteinander zu verbinden, ist eine norddeutsche Spezialität. Das mag vielleicht mit daran liegen, daß zwischen Hamburg und Stade das größte zusammenhängende deutsche Obstanbaugebiet, das Alte Land, liegt. Dort stehen über zwei Millionen Obstbäume, um deren Früchte es sogar regelrechte Fehden gab. So etwa im Jahre 1580, als Hamburg mit dem Stift Bremen einen erbitterten Kirschenkrieg führte.

400 g durchwachsener geräucherter Speck, 1/2 Liter Wasser, 750 g grüne Bohnen, 1 Bund Bohnenkraut, 4 feste Birnen, Salz, Pfeffer, Speisestärke, Petersilie

Speck im Wasser etwa 40 Minuten bei nicht zu starker Hitze garen. Dann die geputzten und gut abgefädelten Bohnen und das Bohnenkraut hinzufügen. Weitere 25 Minuten garen. Die Birnen waschen, aber nicht schälen. Nur die Blütenansätze herausschneiden und eine Viertelstunde vor dem Ende der Garzeit in den Eintopf geben und mitkochen lassen. Den Speck herausnehmen und in vier dicke Scheiben schneiden, auf einer vorgewärmten Servierplatte anrichten. Gemüse mit Salz und Pfeffer abschmecken, mit Speisestärke andikken und über die Speckscheiben geben. Mit frischer gehackter Petersilie bestreuen. Beim Servieren scharfen Senf und ein kühles Pils nicht vergessen.

Blaue Zipfele

Franken

Nicht nur die Wurstzipfel, sondern alles, was zwischen dem einen und dem anderen Ende unter einer zarten Haut weißlich hindurchschimmert, verwandelt sich in dem kräftigen Sud zu einem zwar bläulich unscheinbar aussehenden, aber herzhaft schmeckenden Vesper. Zu später Stunde können Sie Ihre Gäste damit aufmuntern oder am nächsten Morgen mit Hilfe der blauen Zipfele Ihren eigenen Kater verjagen.

4 Zwiebeln, 1 Karotte, 1 Liter Salzwasser,
4 EL Essig, 1 TL Zucker, 2 Lorbeerblätter,
2 Nelken, 10 Pfefferkörner,
5 Wacholderbeeren, 1/4 Liter Frankenwein,
fränkische Bratwürste je nach Größe,
z. B. 1 Paar Schweinsbratwürste oder
4–6 Stück kleine Rostbratwürste pro Person

Die Zwiebeln schälen und in Ringe schneiden, die Karotte fein würfeln. Salzwasser zum Kochen bringen, Gemüse, Essig, Zucker und Gewürze zugeben und in 20 Minuten zu einem würzigen Sud kochen. Die Hitze reduzieren, den Wein zugeben, aber nicht mehr kochen lassen. Die Bratwürste etwa 10 Minuten darin ziehen lassen, aus dem Sud nehmen, in Suppenteller legen und etwas Brühe darübergießen. Kräftiges Bauernbrot und Senf, Zwetschgenwasser, Bier oder herben Frankenwein dazu reichen – aber beim Katerfrühstück bitte nur ein Gläschen!

Blindhuhn

Westfalen

Woher dieser merkwürdige Name kommt, ist nicht bekannt. Mit einem blinden Huhn hat dieses Gericht absolut nichts zu tun. Aber bei Rezeptnamen und manchen alten Zubereitungsvorschriften trifft man ja nicht selten auf Ungereimtes. Was soll man zum Beispiel von der Empfehlung in einem alten westfälischen Kochbuch halten, bei Huhnrezepten vorzugsweise solche Hühner zu wählen, die nicht zu oft krähen?

250 g getrocknete weiße Bohnen, 2 Liter Wasser, 250 g durchwachsener Speck, 250 g Karotten, 250 g grüne Bohnen, 250 g festkochende Kartoffeln, 200 g saure Äpfel, 200 g Kochbirnen, Salz, Pfeffer, Majoran, Zucker, 1 Zwiebel, 40 g Butter oder Margarine, 1 Bund Petersilie

Weiße Bohnen 24 Stunden im Wasser einweichen. Im Einweichwasser gut 1 1/2 Stunden kochen, den Speck nach einer halben Stunde hinzufügen. Karotten putzen, waschen, in Scheiben schneiden. Mit den kleingebrochenen grünen Bohnen, den geschälten und kleingewürfelten Kartoffeln, den geschälten Äpfeln und Birnen – jeweils entkernt und in Viertel geschnitten – nach einer weiteren halben Stunde zu den köchelnden Bohnen geben. Mit Salz, Pfeffer, Majoran und Zucker abschmecken. Speck nach Ende der Garzeit herausnehmen, in Scheiben schneiden und wieder in den Eintopf geben. Gewürfelte Zwiebel im Fett bräunen, über den Eintopf geben und mit grob gehackter Petersilie bestreuen.

Hausgemachte Bratwurst mit Kastanien

Pfalz

Der Dürkheimer Wurstmarkt, alljährlich im September gefeiert, gilt als das größte Weinfest der Welt. Natürlich gibt's hier auch die leckersten Bratwürste der Welt, auf die die Pfälzer mit Recht stolz sind. Und manch ironische Selbsterkenntnis erfährt man gratis dazu, so zum Beispiel: „Mer Pälzer sinn, so will mich's dinke, e sunnerbare Menschenschlag: sinn mer luschtig, dun mer trinke, sinn mer traurig, trinke mer aach."

500 g mageres Schweinefleisch,
250 g Bauchspeck, Salz, schwarzer Pfeffer,
Majoran, 1/8 Liter trockener Weißwein,
Schweinedarm (beim Metzger bestellen),
Milch, Fett zum Braten.
500 g Kastanien, 1 EL Zucker, 100 g Butter

Schweinefleisch mit Speck durch den Fleischwolf drehen, mischen und mit Salz, Pfeffer und Majoran würzen. Kräftig durchkneten, den Weißwein nach und nach hinzugeben. Damit die Masse schön geschmeidig bleibt, ein wenig Wasser hinzufügen. Masse in die Schweinedärme einfüllen und zubinden. Die Würste kurz in Milch wenden und im erhitzten Bratfett rundum braun braten. Die Kastanien schälen, in Wasser 10 Minuten kochen. Danach in kaltem Wasser abkühlen lassen, so läßt sich die braune Haut gut mit einem Tuch abreiben. Dann die Kastanien in Wasser, dem der Zucker und die Butter zugefügt werden, langsam weichkochen. Sie dürfen nicht so weichgekocht werden, daß sie auseinanderfallen. Abtropfen lassen und zusammen mit den Bratwürsten servieren. Dazu Kartoffelpüree reichen. Ein Pfälzer Weißwein sollte nicht fehlen.

Rheinpfalz
Siebeldinger Königsgarten
Kerner Auslese

Brot

Ein herzhaftes Brot selbst zu backen, ist ein besonderes Erlebnis. Wenn Sie erst einmal auf den Geschmack gekommen sind, werden Sie auch bald eigene Rezeptabwandlungen ausprobieren.

625 g Weizenmehl Typ 1050,
200 g Roggenmehl Typ 1370, 15 g Hefe,
1 TL Zucker und etwas lauwarmes Wasser
oder stattdessen 2 TL Trockenhefe,
150 g Sauerteig (Beutel oder vom Bäcker),
3 TL Salz, 0,4 Liter Wasser,
etwas Butter für die Form

Das Mehl in eine Schüssel geben und mischen. In die Mitte eine Mulde drücken, die Hefe zerbröseln, Zucker darüberstreuen und mit etwas lauwarmem Wasser und wenig Mehl in der Mulde einen Vorteig anrühren. Zugedeckt an einem warmen Ort ca. 10 Minuten gehen lassen. Bei Verwendung von Trockenhefe erübrigt sich der Vorteig und dieses erste Gehen. Dann den Sauerteig, Salz und lauwarmes Wasser mit einem Knethaken kräftig darunterkneten. Wenn in einer Form gebacken wird, kann etwas mehr Wasser zugegeben werden, so daß der Teig glatt und geschmeidig wird. Zugedeckt ca. 20 Minuten gehen lassen. Den Teig nochmals kräftig durchkneten, eine gut gefettete Form bis zur Hälfte füllen oder einen Brotlaib formen und auf ein gefettetes Backblech setzen. Nochmals ca. 45–60 Minuten gehen lassen, bis sich das Volumen verdoppelt hat oder der Teig in der Form über den Rand steigt. Das Brot mit einer Gabel mehrmals einstechen oder mit einem Messer schräg einschneiden, damit die Kruste beim Backen nicht reißt. Im vorgeheizten Backofen bei 220° C ca. 1 Stunde bakken. In den ersten 40 Minuten den Backofen nicht öffnen. Erst 10 Minuten bevor das Brot fertig ist, mit Wasser bepinseln. Das Brot nach dem Backen gleich aus der Form nehmen und auf einem Gitter auskühlen lassen.

Buletten

Berlin

Eine ureigene Berliner Erfindung, die, so wird überliefert, dem Kneipenwirt Eduard Martin zu verdanken ist, der im Jahre 1903 seinen Gästen zum ersten Mal Buletten servierte. Die vornehm französische Schreibweise „Bouletten“ ist natürlich blanker Unsinn. Sei's drum – diese Fleischklöße erfreuen sich uneingeschränkter Beliebtheit und sind sogar in die sprichwörtliche Redensart eingegangen: „Nun aber ran an die Buletten!“, was so viel heißt wie: Nun aber kräftig eine Sache anpacken.

1 altbackenes Brötchen, 250 g Schweine-, 250 g Rinderhackfleisch, 1 Zwiebel, 1 Ei, Salz, Pfeffer, Muskat, 70 g Bratfett

Das Brötchen in warmem Wasser einweichen und gut ausgedrückt unter das Fleisch geben. Feingewürfelte Zwiebel, Ei und die Gewürze hinzufügen. Alles gut miteinander vermischen und kräftig durchkneten. Eine Weile ruhen lassen. Aus der Fleischmasse acht bis zehn Buletten formen. Im heißen Bratfett auf beiden Seiten je 5 Minuten lang braun und knusprig braten. Dazu frische Bratkartoffeln und Kopfsalat reichen. Eine Molle, wie der Berliner liebevoll sein Glas Bier nennt, ist dazu sehr zu empfehlen.

Dampfnudeln

Pfalz

Mit Nudeln hat diese wunderbare Leckerei nichts zu tun. Es handelt sich um Hefeklöße, und im Süden streitet man seit langem darum, ob sie eine urbayerische kulinarische Erfindung sind oder nicht. Viel spricht dafür, daß sie ursprünglich eine österreichische Spezialität waren, eine k.u.k. habsburgische Mehlspeis' sozusagen, die im Süden und Südwesten Deutschlands begeisterte Anhänger fand.

500 g Mehl, 30 g Hefe, 60 g Zucker,
1/4 Liter Milch, 2 Eier, Salz.
Zum Dämpfen: 1/2 Liter Milch, 50 g Butter,
100 g Zucker

Das Mehl in eine Schüssel sieben. In die Mitte eine Vertiefung eindrücken und die zerbröselte Hefe mit einer Prise Zucker und einem Eßlöffel lauwarmer Milch hineingeben. Gut zugedeckt etwa 20 Minuten an einem warmen Ort gehen lassen. Milch, die Eier, den restlichen Zucker und eine Prise Salz dazugeben und alles zu einem geschmeidigen Teig kneten – er ist richtig, wenn er sich leicht vom Schüsselrand lösen läßt. Erneut an einem warmen Ort gehen lassen. Nach etwa einer halben Stunde aus dem Teig acht Klöße formen, die man noch einmal kurze Zeit gehen läßt. In einem flachen, gut schließenden Topf Milch, Butter und Zucker erwärmen, die Dampfnudeln hineinsetzen und bei geringer Hitze ca. 20 Minuten gut zugedeckt dämpfen. Wer es mag – und nicht wenige schwören darauf! –, kann die fertigen Dampfnudeln noch einmal in einer ausgebutterten Form im Backofen hellbraun backen. Warm servieren und Vanillesoße und Kompott dazu reichen.

Dillkartoffeln

Niedersachsen

Dill ist ein einjähriges Gewürzkraut, das vielen Gerichten erst den letzten Pfiff gibt. Man sollte allerdings stets frischen, nie getrockneten Dill verwenden. Dillkartoffeln sind ein Gericht aus der einfachen, ländlichen Küche, das trotzdem alle Vorzüge eines guten Essens in sich vereint: Es ist rasch und unkompliziert zubereitet, es schmeckt und macht rundum satt.

1 kg festkochende Kartoffeln, 2 EL Butter, 2 EL Mehl, 1/4 Liter Milch, 1/2 Liter Fleischbrühe, 2–3 Bund frischer Dill, Salz, Pfeffer, Zucker, 1/4 Liter süße Sahne

Kartoffeln waschen und in der Schale garkochen. Noch warm schälen und in nicht zu kleine Würfel schneiden. Butter auslassen, das Mehl darin anbräunen und mit der Milch und der Fleischbrühe ablöschen. Den Dill – einige Ästchen für die Garnierung zurückbehalten – waschen und kleinschneiden. In die Soße geben und mit etwas Salz, Pfeffer und Zucker abschmecken. Kartoffelwürfel hinzufügen und in der Soße erhitzen. Regelmäßig durchrühren, denn diese Soße setzt sehr leicht an. Sahne steifschlagen und vorsichtig unter die Kartoffeln heben. Mit den zurückbehaltenen Dillästchen garnieren und heiß servieren. Dazu einen grünen Salat reichen. Als Getränk empfiehlt sich ein trockener Weißwein.

Dippehas

Pfalz

„Der Mensch hot en Mage un net for umsonscht“, heißt ein Pfälzer Sprichwort. Es ist nicht ausgeschlossen, daß es als spontaner Ausruf nach einem sehr reichlichen Dippehas-Essen entstand.

Für 6 Personen:
400 g Schweinebauch oder
200 g Schweinebauch und
200 g Schweinenacken, 3 El Öl,
1 1/2 EL Butter, 5 Zwiebeln,
2 Knoblauchzehen, 1 Hase in etwa
10 küchenfertige Stücke zerlegt, Salz, Pfeffer,
1/2 Liter Rotwein,
1/8 Liter Fleischbrühe, 4 Karotten,
1/4 Sellerieknolle, 3 Lorbeerblätter,
6–10 Wacholderbeeren, 3 Nelken,
3 Pimentkörner, schwarzer Pfeffer aus der
Mühle, 1 Scheibe Schwarzbrot

Schweinefleisch grob würfeln, in Öl und Butter anbraten. Gewürfelte Zwiebeln und zerdrückten Knoblauch hinzufügen und mit anbraten. Die Hasenteile salzen und pfeffern, dazugeben und ebenfalls von allen Seiten anbraten. Mit Rotwein und Fleischbrühe ablöschen. Alles in einen irdenen Schmortopf umfüllen. Karotten und Sellerie putzen, waschen und stifteln, zusammen mit den Gewürzen und dem fein zerbröselten Schwarzbrot zum Fleisch geben. Gut 1 3/4 Stunden im vorgeheizten Backofen bei 180° C gut verschlossen schmoren lassen. Den Dippehas im Topf servieren. Als Beilagen breite Bandnudeln und Rotkohl reichen. Dazu empfiehlt sich ein kräftiger Rotwein.

Dorsch mit gelber Soße

Mecklenburg

Der Name Dorsch bezeichnet den Kabeljau aus der Ostsee und gilt seit jeher als besonderer Leckerbissen.

3–5 Dorsche (etwa 2,5–3 kg), Salz, Pfeffer, 1/2 Sellerieknolle, 2 Petersilienwurzeln, 1 Zwiebel, 2 Blättchen Muskatblüte, 250 g Butter, 6 hartgekochte Eier, 2 EL Weinessig, 2 TL Zucker, 2 TL Kartoffelmehl

Fische schuppen, von Kopf und Gräten befreien. Jeweils in drei Stücke schneiden, salzen und pfeffern. Zwei Stunden ruhen lassen. In einen Topf geben, in Scheiben geschnittene Sellerie, Petersilienwurzel und die halbierte Zwiebel hinzufügen. Mit Wasser so weit auffüllen, daß die Fischstücke gut bedeckt sind. Aufkochen und abschäumen. Danach Muskatblüte und die Butter hinzufügen. 10 Minuten auf kleiner Flamme köcheln lassen. Die zerdrückten Eigelb mit Essig, Zucker und Kartoffelmehl vermengen. Fischstücke aus dem Sud nehmen, warmstellen. Soße etwas einkochen lassen, durch ein Sieb gießen. Eigelbmischung hinzufügen, erneut erhitzen, aber nicht aufkochen lassen. Fisch anrichten, mit der Soße angießen und mit Pell- oder Salzkartoffeln servieren.

Dresdner Christstollen

Sachsen

Der Zwinger und der Christstollen haben Dresden weltberühmt gemacht. Wenn Sie es sonst gewohnt sind, auf eine Scheibe Stollen noch Butter zu streichen, hier brauchen Sie es nicht: Es ist reichlich drin.

Vorteig: 500 g Mehl, 100 g Hefe, ca. 1/4 Liter Milch.
Teig: 500 g Mehl, 250 g Zucker, 4 Eigelb, 1/2 TL Salz, abgeriebene Schale einer Zitrone, 150 g Schweineschmalz, 250 g Butter, 200 g Sultaninen, 200 g Korinthen, 150 g Mandeln, 20 g bittere Mandeln oder einige Tropfen Bittermandelöl, je 100 g Orangeat und Zitronat, Fett für das Backblech.
Zum Bestreichen:
50 g Butter, 100 g Puderzucker

Mehl, zerbröckelte Hefe und lauwarme Milch zu einem glatten Vorteig ansetzen, 2 Stunden zugedeckt warmstellen. Die zweite Portion Mehl mit Zucker, Eigelb, Salz, Zitronenschale und dem erwärmten Fett vermischen und mit dem Vorteig zu einem festen, glatten Teig verarbeiten, der sich vom Schüsselrand löst. Ca. 45 Minuten warmstellen, bis der Teig gut aufgegangen ist. Sultaninen und Korinthen überbrühen, abtropfen lassen und abtrocknen, Mandeln überbrühen, abziehen und hakken. Alles mit dem Orangeat und Zitronat in den Teig einarbeiten. Einen Stollen formen, auf ein gefettetes Backblech setzen und nochmals 30 Minuten gehen lassen. Dann bei 200° C in 60–80 Minuten backen. Noch heiß mit zerlassener Butter bestreichen und mit Puderzucker bestreuen. Erst nach 14 Tagen sollte der Stollen angeschnitten werden.

Dresdner Eierschecke

Sachsen

Teig: 500 g Mehl, 30 g Hefe, 75 g Zucker, ca. 1/8 Liter Milch, 1 Ei, 1 Prise Salz, abgeriebene Schale einer Zitrone, 100 g Butter, Fett zum Bestreichen.
Belag: 500 g Quark, 50 g Zucker, 2 Eigelb, 2 gestrichene EL Speisestärke, Milch, 250 g Butter, 150 g Zucker, 1 Päckchen Vanillezucker, 4 Eier, 100 g Rosinen, 50 g gehackte Mandeln

In eine Vertiefung des Mehls die Hefe hineinbröseln, mit 1/3 der Zuckermenge bestreuen, mit der lauwarmen Milch in der Mulde einen dünnen Vorteig anrühren. Zugedeckt ca. 30 Minuten an warmem Ort gehen lassen. Den Vorteig mit dem restlichen Mehl, dem restlichen Zucker, verquirltem Ei, Salz, Zitronenschale und der flüssigen, aber nicht warmen Butter mit einem Knethaken so kräftig verarbeiten, daß sich der Teig vom Schüsselrand löst. Zugedeckt ca. 45 Minuten gehen lassen. Dann den Teig ausrollen und ein gefettetes Backblech damit belegen, ringsum einen Rand formen und nochmals 30 Minuten gehen lassen. Inzwischen für den Belag Quark, Zucker, Eigelb und Speisestärke mit etwas Milch (je nach Feuchtigkeit des Quarkes) zu einer geschmeidigen Masse rühren. In einer anderen Schüssel die weiche Butter mit Zukker, Vanillezucker und Eiern dickschaumig rühren. Die Quarkmasse auf dem Teig verteilen und darüber die Creme streichen. Die Rosinen in warmem Wasser quellen lassen, abtropfen lassen, abtrocknen und mit den Mandeln über den Belag streuen. Im Backofen bei 200° C in 30–40 Minuten hellbraun backen. Etwas abkühlen lassen und in viereckige Stücke schneiden. Wer will, kann die Eierschecke noch heiß mit zerlassener Butter bestreichen und mit Zucker dick bestreuen, so daß sich eine Kruste bildet.

Eisbein mit Erbspüree und Sauerkraut

Berlin

Eine typisch Berliner Spezialität und für jeden Besucher der alten und neuen deutschen Hauptstadt ein kulinarisches Muß. Eisbein bezeichnet nichts anderes als die Schweinsfüße, und der für ein Gericht so seltsame Name rührt daher, daß man früher Schlittschuhe aus den gespaltenen Röhrenknochen der Schweinsfüße angefertigt hat.

2 kg Eisbein in Stücken zu je 500 g, je 4 Pfeffer- und Pimentkörner, 1 1/2 Lorbeerblätter, 1 Zwiebel, Zucker, Salz. Für das Püree: 375 g gelbe Erbsen, 3/4 Liter Wasser, Salz, 1 Zwiebel, 40 g Butter. Für das Kraut: 1 Zwiebel, 3 EL Schweineschmalz, 500 g Sauerkraut, 5 Wacholderbeeren, 1 Lorbeerblatt, Salz, Pfeffer, Zucker, 1/8 Liter Eisbeinbrühe, 1 dl Weißwein

Eisbeinstücke mit Wasser abspülen, gut abtropfen lassen. Mit den Gewürzen, der geschälten Zwiebel und einer Prise Zucker in leicht gesalzenem Wasser 1 3/4–3 Stunden langsam weichkochen. Für das Püree am Vortag die Erbsen im Wasser einweichen. Im Einweichwasser aufkochen und gut 1 1/2 Stunden auf kleiner Flamme garen. Pürieren und salzen. Gewürfelte Zwiebel in Butter anbräunen und über das Püree geben.

Für das Kraut die Zwiebel schälen, in Ringe schneiden und im Schmalz andünsten. Sauerkraut locker zerpflückt hinzugeben. Die Gewürze und eine Prise Zucker hinzufügen. Das Kraut, dem man die Eisbeinbrühe zugibt, nicht zu weich dünsten. Wein dazugeben, noch einmal abschmecken. Eisbeinportionen auf einer vorgewärmten Platte, mit Püree und Kraut umlegt, anrichten. Dazu Bier und ein Kümmelschnäpschen servieren.

4. Generation
Kümmel
BERLIN

Flädlesuppe

Schwaben

Nicht klein im Durchmesser, sondern vor allem dünn müssen die Flädle sein, die Eierkuchen, Pfannkuchen oder Plinsen, wie andere Volksstämme sie nennen. In schmale Streifen geschnitten, sind sie das Tüpfele auf dem i einer Fleischbrühe, die ihren Namen zu recht trägt.

Fleischbrühe: 500 g Rindfleisch (Wade, Überzwerch), 500 g Rinderknochen, 2 1/2 Liter Wasser, 1 EL Salz, Suppengemüse (z. B. Karotten, Lauch, Sellerieknolle, Petersilie, Petersilienwurzel), 1 Messerspitze Muskat, 1 Lorbeerblatt, 5 Pfefferkörner, 3 Wacholderbeeren.
Flädle: 125 g Mehl, 2 Eier, 1 Prise Salz, 1/4 Liter Milch, 1 Stückchen Räucherspeck.
Zum Bestreuen: Schnittlauch

Fleisch und Knochen mit kaltem Wasser aufsetzen und zum Kochen bringen. Salz, kleingeschnittenes Gemüse und Gewürze zugeben. Die Brühe abschäumen, etwa 2 Stunden schwach kochen lassen, würzig abschmecken und durch ein Sieb gießen.

Mehl, Eier und Salz mit der Hälfte der Milch zu einem dicken, glatten Teig rühren und nach und nach mit dem Rest der Milch verdünnen. In eine sehr heiße, mit Speck ausgeriebene Pfanne etwas Teig gießen, durch Kippen der Pfanne gleichmäßig verlaufen lassen und so 6 dünne Flädle goldgelb backen. Heiß aufrollen, abgekühlt in schmale Streifen schneiden, in eine große Suppenschüssel geben, mit der kochenden Fleischbrühe übergießen und 5 Minuten zugedeckt ziehen lassen. Vor dem Servieren mit Schnittlauchröllchen bestreuen.

Fleischklöße mit Meerrettichsoße

Pfalz

„Fleeschknepp" – bei diesem Wort läuft dem Südpfälzer das Wasser im Mund zusammen. Diese Spezialität gehört zu den von ihm am meisten geschätzten Tafelfreuden und erläutert treffend die Pfälzer Lebensweisheit: „Liewer en Bauch vum Esse un Trinke als en Buckel vum Schaffe."

300 g Schweine-, 300 g Kalb-, 300 g Rindfleisch, Salz, Pfeffer, Muskat, Thymian, Rosmarin, 2 alte Brötchen, 3 Eier. Für die Soße: 40 g Butter, 40 g Mehl, 1/2 Liter Fleischbrühe, 1/4 Stange Meerrettich, etwas Milch, Salz, etwas Zitronensaft, Zucker

Fleisch durch die grobe Scheibe des Fleischwolfs drehen. Mit den Gewürzen abschmekken, mit geriebenen Brötchen und den Eiern mischen und zu einem festen Teig verarbeiten. Mit nassen Händen nicht zu große Klöße formen und 30 Minuten ruhen lassen. Reichlich Salzwasser aufkochen, Hitze reduzieren und die Klöße vorsichtig hineinsetzen. Bei geringer Temperatur etwa 25 Minuten ziehen lassen. Für die Soße die Butter zerlassen, Mehl einrühren, bis es hellgelb ist. Nach und nach die Fleischbrühe mit dem Schneebesen einrühren und kurz aufkochen. Auf kleiner Flamme 15 Minuten ziehen lassen. Den Meerrettich schälen, waschen und reiben. Mit ein wenig Milch anmischen und in die nicht mehr köchelnde Soße geben. Mit Salz, Zitronensaft und einer Prise Zucker abschmecken. Dazu Salzkartoffeln reichen. Ein kräftiger Pfälzer Weißwein sollte nicht fehlen.

Frankfurter Kranz

Hessen

Ein weitgereister bayerischer Hofrat schrieb Anfang des 18. Jahrhunderts über die Hessen: „Sie sind ungemein stark von Leib, herzhaft und eigensinnig, sie lieben gut und viel Essen, auch starkes Getränk.“ Warum nur unterschlug er die Vorliebe der Hessen für Torten?

Teig: 6 Eier, 200g Butter, 200g Zucker, 1/2 Zitrone, 250g Mehl, 100g Speisestärke, 1 Päckchen Backpulver.
Buttercreme: 200g Zucker, 6 EL Wasser, 5 Eigelb, 4 EL Rum, 200g Butter.
Krokant: 125g abgezogene süße Mandeln, 1 EL Zucker, 1 1/2 EL Butter

Für den Teig die Eigelb und Eiweiß trennen. Die Butter schaumig rühren, dabei Eigelb und Zucker nach und nach abwechselnd hinzufügen. Danach die fein abgeriebene Zitronenschale, Mehl, Stärke und Backpulver langsam dazugeben und verrühren. Den Zitronensaft unterheben. Eiweiß steifschlagen und vorsichtig unter den Teig ziehen. Den Teig in eine gefettete Kranzform geben und bei 175°C 30–40 Minuten im Backofen backen. Für die Buttercreme Zucker und Wasser zu einer dickflüssigen Masse aufkochen, die Eigelb mit dem warmen Brei verquirlen und den Rum hinzugießen. Während die Masse abkühlt, die weiche Butter löffelweise mit der Zucker-Eier-Masse verrühren.

Für den Krokant die Mandeln kleinhacken, mit dem Zucker und der Butter in der Pfanne goldbraun rösten. Den ausgebackenen Kuchen einmal quer durchschneiden und die untere Hälfte dick mit Creme bestreichen. Oberteil wieder daraufsetzen und alle Außenseiten gleichmäßig mit der Creme bestreichen. Den Krokant auf die Cremeschicht auftragen. Vor dem Servieren die Torte kühlstellen.

Friesisches Kluftstück

Friesland

Weitgereiste Küchenspezialisten behaupten, dies sei das einzige deutsche Steak, das einen solchen Namen verdiene. Einem Friesen ist dies freilich nichts Neues, denn für ihn ist „Fleisch immer das beste Gemüse“.

Für die Sardellenbutter: 100 g Butter, 1–2 gehackte Sardellen, Salz, Pfeffer, 1 Spritzer Worcestersauce.
4 Kluftstücke aus dem Tafelstück der Rinderkeule, je etwa 200 g und 2–3 cm stark geschnitten, Salz, Pfeffer

Für die Sardellenbutter die weiche Butter mit den anderen Zutaten verrühren. Fleischstükke salzen, pfeffern und auf dem Grill 2–3 Minuten von jeder Seite garen. Die Sardellenbutter auf die warmgestellten Fleischportionen verteilen und langsam schmelzen lassen. Dazu schmecken am besten Röstkartoffeln und Senfgurken.

Gaisburger Marsch

Schwaben

Die „New York Times“ vom 23. September 1984 weiß unter der Überschrift „In Swabia, Mealtime is Spätzle Time“ nicht nur zu berichten, daß in einem Rechtsbuch aus dem 14. Jahrhundert der Herzog von Schwaben mit einem Spätzlebrett als Symbol seines Landes gezeigt wird. Der Artikel erzählt auch die Geschichte von den jungen württembergischen Offizieren, die vor dem Ersten Weltkrieg zur Mittagszeit aus ihrer Kaserne in den nahegelegenen Stuttgarter Stadtteil Gaisburg zur Wirtschaft „Bäcka-Schmiede“ marschierten, um wie üblich das dortige Stammessen zu genießen, den „Gaisburger Marsch“.

500 g Suppen- und Markknochen, grob zerteiltes Suppengemüse (z. B. 1/4 Sellerieknolle, 1 Stück Lauch, 2 Karotten, Petersilie, Petersilienwurzel), 10 Pfefferkörner, 1 Lorbeerblatt, 500 g Siedfleisch (Rind), 1 EL Salz, 2 Liter Wasser, 500 g Kartoffeln, Spätzle von 250 g Mehl, je 1 Prise Muskat und Pfeffer, 1 Zwiebel, 30 g Butter, 1 EL Schnittlauchröllchen

Knochen, Suppengemüse, Gewürze, Fleisch und Salz in Wasser zum Kochen bringen, Hitze reduzieren, abschäumen und etwa 2 Stunden schwach strudelnd kochen. Die Fleischbrühe abgießen, das weichgekochte Fleisch würfeln und warmstellen. Kartoffeln in Schnitze schneiden und in der Fleischbrühe in etwa 20 Minuten weichkochen. Spätzle zubereiten (siehe Rezept „Linsen und Spätzle“ S. 124), in die Brühe geben und alles in eine große Suppenschüssel füllen. Mit Muskat und Pfeffer abschmecken. Zwiebelringe in der erhitzten Butter hellbraun rösten und mit dem Schnittlauch vor dem Servieren über den Eintopf geben.

0,25 l

Martinsgans

Rheinland

Sankt Martin versteckte sich aus Bescheidenheit, um sich seiner Wahl zum Bischof zu entziehen, doch die schnatternden Gänse verrieten ihn. Ihm zu Ehren schauen sie am 11. November in die Bratenröhre.

1 küchenfertig vorbereitete Gans (ca. 3 kg), Salz, Pfeffer, 1 kg Kastanien, 1 Zwiebel, 1 EL gehackte Petersilie, 30 g Butter, 1/2 TL Paprika, 3 Äpfel, 1 Gänseleber, 1 Liter Wasser, 1 Zwiebel, 1 Karotte, 1 Lorbeerblatt, etwas Bier, Speisestärke

Die Gans, nachdem das innere Fett ausgelöst ist, waschen, abtrocknen und mit Salz einreiben, innen mit Salz und Pfeffer würzen. Die Kastanien ringsum einschneiden, in Salzwasser 10 Minuten schwach kochen, abgießen, die Schale und die Haut entfernen. Die feingehackte Zwiebel und die Petersilie in der heißen Butter andünsten, mit Paprika würzen, die Kastanien zugeben und mit wenig Wasser in 15 Minuten weichkochen. Die geschälten, kleingewürfelten Äpfel kurz mitdämpfen. Die Gänseleber feinhacken und zuletzt untermischen. Die Gans mit dieser Masse füllen, zunähen, die Keulen festbinden, die Haut leicht einstechen. Die Gans in einen Bräter legen, die Hälfte des heißen Wassers angießen und die in Scheiben geschnittene Zwiebel und Karotte und das Lorbeerblatt zugeben. Im Backofen bei 200°C ca. 2 1/2 Stunden braten. Dabei öfter mit Bratensaft, dem restlichen heißen Wasser und in den letzten 10 Minuten mit Bier begießen, damit die Kruste schön glänzend wird. Die Gans herausnehmen, die Fäden entfernen und warmhalten. Den Bratenfond ablöschen, mit etwas Wasser aufkochen, durchsieben, entfetten und mit Speisestärke binden, abschmecken. Dazu Rotkraut mit Klößen oder Kartoffelsalat servieren.

Grüne Klöße

Thüringen

Grün heißt hier „frisch, roh“ und bezieht sich auf die ungekochten Kartoffeln als Hauptbestandteil dieser Klöße. Um sie locker werden zu lassen, werden niemals Eier wie sonst meist bei Klößen verwendet, sondern in unserem Rezept gekochte Kartoffeln, in anderen auch Grießbrei oder Quark. Wichtig ist, daß die rohen wie die gekochten Kartoffeln von einer mehligen Sorte sind.

1 kg rohe Kartoffeln, 350 g am Vortag gekochte Kartoffeln, ca. 1/2 Tasse Milch, 1 TL Salz, 1 Brötchen vom Vortag, 1 EL Butter, Salz

Die rohen Kartoffeln schälen und in eine Schüssel mit Wasser reiben, damit sie sich nicht verfärben. In einem Tuch gut ausdrükken (evtl. Leinensack), das Kartoffelwasser auffangen, stehenlassen, damit sich die Kartoffelstärke unten absetzen kann. Das Wasser vorsichtig abgießen und die Stärke zu der Kartoffelmasse geben. Die gekochten Kartoffeln schälen, feinreiben, mit der heißen Milch übergießen und glattrühren. Den heißen Kartoffelbrei zu der rohen Kartoffelmasse geben, salzen und zu einem glatten Teig verarbeiten. Das Brötchen in kleine Würfel schneiden und in der erhitzten Butter goldbraun rösten. Mit nassen Händen ca. 12 Klöße formen und in die Mitte jeweils einige Brotwürfel geben. In kochendes Salzwasser einlegen und bei geringer Hitze in ca. 20 Minuten gar ziehen, aber nicht kochen lassen. Die Klöße müssen außen glänzend, innen locker sein (evtl. Probe machen). Mit dem Schaumlöffel herausnehmen und gut abgetropft in einer Schüssel anrichten.

Grüne Soße

Hessen

Im Hessischen war diese Kräutersoße früher das klassische Essen am Gründonnerstag. Dazu gab es hartgekochte Eier. Seit Mitte des vergangenen Jahrhunderts wird sie in regionalen Rezeptsammlungen als empfehlenswerte Spezialität beschrieben. Frankfurter Köche besaßen damals einen legendären kulinarischen Ruf, und auch die Frankfurter Kellner wurden als Artisten ihres Fachs gerühmt, wenn kolportiert wird, daß sie ohne weiteres in der Lage seien, mit einem Teller voll Suppe über einen Tisch zu springen, ohne einen einzigen Tropfen zu vergießen.

1/4 Liter saure Sahne, 2 EL süße Sahne, 1 Zitrone, 2 Eier, 200 g frische Kräuter, z. B. Schnittlauch, Petersilie, Kerbel, Sauerampfer, Kresse, Borretsch, Pimpernelle, Dill und Estragon, 2 Schalotten, 200 g Magerquark, Salz, Pfeffer, 1 Prise Zucker

Aus saurer und süßer Sahne, dem Saft der Zitronen und den sehr feingehackten, hartgekochten Eiern eine Soße rühren. Die Kräuter waschen und trockentupfen. Einige Kräuter zum Garnieren beiseite legen. Kräuter feinhacken, Schalotten schälen und würfeln und zur Soße geben. Den Magerquark zufügen und die Soße cremig rühren. Mit Salz, Pfeffer und Zucker abschmecken. Die Soße in den Kühlschrank stellen. Mit den restlichen Kräutern bestreuen und kalt servieren. Am besten schmecken gekochtes Rindfleisch oder Kochfisch dazu.

Grünkohl mit Pinkel

Niedersachsen

Die Grün- oder Braunkohlsaison beginnt Mitte November, um die Zeit, wenn der Kohl den ersten leichten Nachtfrost abbekommen hat. Nach einem Grünkohlessen wird einem klar, warum man mit einem Korn dazu gar nicht auskommen kann und weshalb man in Bremen und Niedersachsen geradezu versessen darauf ist.

1,5 kg Grünkohl, Salz, 3 große Zwiebeln,
100 g Schweineschmalz,
250 g durchwachsener Speck, Muskat, Pfeffer,
6 Brägen- oder Grützwürste, Zucker

Den Kohl gründlich waschen. Die krausen Blätter von den Stielen streifen, hacken und in Salzwasser 2–3 Minuten kochen. Zwiebeln schälen, würfeln und im Schmalz glasig dünsten. Den Speck ebenfalls würfeln und zu den Zwiebeln geben. Dann den Grünkohl hinzufügen, mit 1/2 Liter Salzwasser aufgießen und mit Muskat und Pfeffer abschmekken. Mindestens 1 Stunde kochen lassen. Die Garzeit kann ohne weiteres auf kleiner Flamme bei geschlossenem Deckel auch 2 Stunden dauern. Kenner meinen, je länger die Garzeit, desto besser würde der Geschmack. 20 Minuten vor dem Ende der Garzeit die Brägen- oder Grützwürste auf den Kohl legen und mitkochen lassen. Zum Schluß noch einmal mit Salz, Pfeffer, Muskat und einer Prise Zukker abschmecken. Dazu Salzkartoffeln reichen. Ein frisches Pils darf ebensowenig fehlen wie ein oder zwei eiskalte „Klare“.

Gilde

Handkäs mit Musik

Hessen

Kein Besucher Frankfurts sollte es versäumen, einmal in einer der vielen gemütlichen kleinen Wirtschaften eine Spezialität zum Wein oder dem „Äbbelwoi“, dem beliebten Apfelmost, zu probieren, deren Beiname keiner so recht erklären kann. Vielleicht ist mit Musik dann doch Begleitung, der „Äbbelwoi“, gemeint, der so manchen Wirtshausgast zu fröhlichen Gesängen animiert hat.

200 g Handkäse, 2 Zwiebeln, 2 EL Essig, 4 EL Speiseöl, Salz, Pfeffer, Kümmel, Petersilie

Den gut gereiften, nicht harten Handkäse in nicht zu dünne Scheiben schneiden. Zwiebeln in Ringe schneiden und damit die Käsescheiben belegen. Aus Essig, Öl, Salz, Pfeffer, Kümmel und Petersilie eine Marinade rühren, 60 Minuten ziehen lassen. Dann über die angerichteten Käsescheiben geben. Dazu frisches, ofenwarmes Brot, mit Butter bestrichen, reichen. Und natürlich den „Äbbelwoi“ dazu nicht vergessen.

Wer mag, kann auch einmal folgende Spezialität, nicht weniger in Rheinhessen beliebt, probieren: den „Spundekäs“. Dazu 250 g Quark mit 1/4 Liter saurer Sahne gut vermischen. Eine feingehackte Zwiebel, Salz, Pfeffer und 1 TL milden Paprika daruntergeben und eine halbe Stunde ziehen lassen.

Hechtklößchen

Baden

Klöße: 500 g Hechtfilet, 1 Ei, Salz, Pfeffer und Muskat, 200 g süße Sahne.
Sud: 1 Zwiebel, 1 Petersilienwurzel, je 100 g Sellerie und Lauch, 1 1/2 Liter Wasser, 1/2 Liter Riesling, 1 Lorbeerblatt, 10 Pfefferkörner.
Soße: 1 kleine Zwiebel, 1/4 Liter Fischsud, 1/8 Liter süße Sahne, 30 g Butter, je 2 EL geschlagene Sahne und gehackter Dill, 1/2 Zitrone, Salz und Pfeffer

Das Hechtfilet waschen, kleinschneiden und im Mixer pürieren, Ei zugeben, mit Salz, Pfeffer und Muskat würzen und im Mixer 1 Stunde in den Kühlschrank stellen. Sahne und eine Schüssel ebenfalls gut kühlen; danach die Sahne langsam in den Mixer zu der Hechtmasse geben und auf kleiner Schaltstufe vermischen. Die Masse in die gekühlte Schüssel geben und wieder in den Kühlschrank stellen. Zwiebel, Petersilienwurzel und Gemüse kleinschneiden und mit Wasser, Wein und den Gewürzen in einem großen Topf 1/4 Stunde kräftig kochen lassen. Den Sud durch ein Sieb gießen. Von der Fisch-Sahne-Masse mit zwei nassen Löffeln eigroße Klöße abstechen und vorsichtig in den nur noch leicht kochenden Sud gleiten lassen. In 10–15 Minuten bei schwächster Hitze garziehen lassen. Mit einem Schaumlöffel herausnehmen. Für die Soße die Zwiebel kleinschneiden, in 1/4 Liter Sud ca. 10 Minuten stark kochen lassen. Die Sahne einrühren und nochmals einige Minuten kochen lassen. Den Topf vom Herd nehmen und die Butter kalt in Flöckchen in die Soße rühren. Die geschlagene Sahne mit dem Dill vermischen und vorsichtig unterheben. Die Soße mit Zitronensaft, Salz und Pfeffer abschmecken und über die Hechtklößchen gießen. In Baden werden traditionell Nudeln und Salat dazu gegessen.

Heidschnuckenbraten

Niedersachsen

Ein Lammgericht aus der Lüneburger Heide, die keineswegs, wie viele glauben, schon immer eine Heide war. Ursprünglich standen hier einmal Eichen- und Birkenwälder, die bereits im Mittelalter dem enormen Holzbedarf der nahen Saline in Lüneburg zum Opfer gefallen waren. Neue Baumsprößlinge wurden von den Heidschnucken verbissen, und so entstand die einzigartige Heidelandschaft aus Zwergsträuchern und Wacholder.

Für die Marinade: 2 Zwiebeln, 1 Karotte, 3 Lorbeerblätter, 1 EL schwarzer Pfeffer, 4 Nelken, 7 Wacholderbeeren, 5 Pimentkörner, 1 Salbeiblatt, 1 Prise Thymian, 1/8 Liter Rotwein, 1/8 Liter Weinessig.
1 Heidschnuckenrücken (ca. 1 kg), Salz, Pfeffer, 2 EL Butter, 250 g Champignons, Butter zum Andünsten, 1/4 Liter Crème fraîche, 1 TL Zucker, 1/8 Liter Rotwein

Für die Marinade Zwiebel und Karotte putzen, kleinschneiden und mit den Gewürzen vermischen. Wein und Essig dazugießen. Das Fleisch 2–3 Tage darin einlegen, von Zeit zu Zeit wenden. Fleisch herausnehmen, trokkentupfen, mit Salz und Pfeffer einreiben. Marinade abseihen. Butter in einem Bräter klären und das Fleisch darin anbraten. Mit 1/4 Liter Marinade ablöschen und bei 200°C im Backofen etwa 50 Minuten ohne Deckel braten. Dann verschließen. Inzwischen Pilze putzen und in Scheiben schneiden. In Butter kurz bräunen, salzen, pfeffern, zum Braten geben und weitere 20 Minuten geschlossen garen. Fleisch herausnehmen, warmstellen. Bratensatz mit Crème fraîche ablöschen, mit Salz, Pfeffer, Zucker und Rotwein abschmekken. Dazu Kartoffelklöße (Rezept S. 70 oder S. 96), Rotkohl und Preiselbeeren reichen.

Heringshäckerle

Schlesien

Häckerle wurde in Schlesien gerne als ein sparsamer Brotaufstrich aus Fleischresten, Speck, Wurst oder Fisch – was sich der Hausfrau gerade so bot – zusammengehackt. In früheren Zeiten, als die nordischen Meere noch nicht so überfischt waren wie heute, wurde der Hering wirklich noch in großen Massen gefangen. Mit Salz konserviert und in Fässern verpackt, gelangte er auf den Handelsstraßen und später auf der Schiene in alle Länder Ost-, Mittel- und Westeuropas. Daß das Heringshäckerle in Schlesien zwar als eines der bekanntesten Gerichte, aber doch als Armeleuteessen galt, ist heute kaum noch verständlich, nachdem der Hering für uns fast schon zur Delikatesse geworden ist.

4 Salzheringe, 100 g durchwachsener Räucherspeck, 4 hartgekochte Eier, 1 kleine Gewürzgurke, 2 Äpfel, 1 Zwiebel, 4 EL saure Sahne, 1 TL Senf, Salz, Pfeffer

Salzheringe über Nacht wässern. Am nächsten Tag Kopf und Schwanz abschneiden, die Heringe ausnehmen, entgräten und häuten. Heringsfilets, Speck, Eier, Gurke, Äpfel und Zwiebel fein hacken. Saure Sahne mit Senf verrühren, mit Salz und Pfeffer abschmecken und alle Zutaten vermischen. Eine Stunde durchziehen lassen. Zu Pellkartoffeln servieren. Als Brotaufstrich oder zu Kartoffelpuffern (siehe Rezept „Reibekuchen“ S. 168) kann die Menge halbiert werden. Alle Zutaten in diesem Fall durch den groben Fleischwolf drehen, mit saurer Sahne verrühren, mit den Gewürzen abschmecken und mit frischer gehackter Petersilie, Schnittlauch oder Dill bestreut servieren.

Rheinischer Heringssalat

Rheinland

Wenig Arbeit ist es nicht gerade, all die Zutaten zu schneiden oder zu hacken und diesen Salat anzumachen. Aber dann ist es getan, die Hausfrau stellt die Schüssel mit dem Salat kühl und kann sich anderen Dingen widmen bis zur Mahlzeit. Vielleicht ist das der praktische Grund dafür, daß es in vielen niederrheinischen Familien am Heiligen Abend Heringssalat gibt. Diese rheinische Variante ist übrigens keine Fastenspeise, da sie neben Hering fast ebensoviel Fleisch enthält. Die rote Bete und ihr Saft geben dem Salat seine kräftige rosa Farbe.

5 Matjesfilets, 200g Kalbsbraten, 200g gekochte Kartoffeln, 200g rote Bete, 3 Gewürzgurken, 2 säuerliche Äpfel, 4 hartgekochte Eier, 1 Zwiebel, 50g Walnußkerne, 4 EL Mayonnaise, 150g saure Sahne, 1 EL Rote-Bete-Saft, 3 EL Essig, 1/2 TL Pfeffer, je 1 TL Zucker und Salz, 2 EL Kapern

Matjesfilets, Kalbsbraten, Kartoffeln, rote Bete, Gurken, Äpfel und 2 Eier in kleine, etwa gleich große Würfel schneiden. Zwiebel fein schneiden, Walnußkerne grob hacken. Alles in eine große Schüssel geben und vermischen. Zur Soße die Mayonnaise, saure Sahne, Rote-Bete-Saft, Essig und die Gewürze verrühren, zum Salat geben und vorsichtig unterheben. Zuletzt die Kapern untermischen. Den Salat zugedeckt einige Stunden, am besten über Nacht, kühlstellen. Vor dem Servieren nochmals abschmecken und eventuell mit etwas Rote-Bete-Saft geschmeidig machen. Mit den restlichen geviertelten Eiern dekorieren. Dazu schmeckt rheinisches Schwarzbrot mit Butter.

Himmel und Erde

Rheinland

Äpfel vom Baum (Himmel) und aus der Erde hat der Rheinländer zu einem seiner Lieblingsessen vereinigt. Dazu gehört kroßgebratene Blutwurst mit gerösteten Zwiebeln und Speck. Da nach den heutigen Lebensmittelgesetzen Blutwurst nicht mehr mit Buchweizengrütze oder Mehl verfälscht werden darf, werden Sie sich schwer tun, außerhalb des Rheinlands eine Wurst zu finden, die in der Pfanne nicht zerläuft. Fragen Sie vorsichtshalber Ihren Metzger.

1 kg mehlig kochende Kartoffeln, Salz,
1 kg Äpfel, ca. 1/8 Liter Wasser,
1 EL Zitronensaft, 2 EL Zucker,
1 EL Butter, Salz, Pfeffer, Muskat,
100 g durchwachsener Räucherspeck,
evtl. etwas Schmalz, 3 Zwiebeln,
500 g Blutwurst

Die Kartoffeln schälen, waschen, vierteln und in Salzwasser weichkochen. Die Äpfel schälen, vierteln, das Kerngehäuse entfernen und mit wenig Wasser, Zitronensaft und Zucker auf kleiner Flamme weichdünsten. Kartoffeln abgießen, gut zerstampfen und sofort mit dem Schneebesen Butter unterschlagen. Die Äpfel unterrühren, mit Salz, Pfeffer und Muskat abschmecken und in einer flachen Schüssel warmhalten. Den Speck fein würfeln, ausbraten. Wenn der Speck nicht fett genug ist, etwas Schmalz erhitzen. Die in feine Scheiben geschnittenen Zwiebeln im Fett goldbraun werden lassen. Zwiebeln und Speck aus der Pfanne nehmen, ebenfalls warmstellen. Die Blutwurst in 1 cm dicke Scheiben schneiden und in der Pfanne von beiden Seiten anbraten. Auf „Himmel und Erde“ legen und mit den Zwiebelringen und dem Speck bedecken.

Hutzelbrot

Schwaben

Mörikes Erzählung vom „Stuttgarter Hutzelmännlein" hat die Hutzeln, die getrockneten Birnen, über Schwaben hinaus bekannt gemacht. Seit damals hat sich das Hutzelbrot zum Früchtebrot fortentwickelt.

Je 500 g getrocknete Birnen, Zwetschgen und Feigen, 500 g Mehl, 40 g Hefe, 125 g Zucker, 1 TL Salz, 500 g Rosinen, 250 g Hasel- oder Walnußkerne, 250 g Mandeln, je 50 g Zitronat und Orangeat, je 1 Prise Zimt und Nelken, 1 EL Anis, 1 EL Kirschwasser, einige ganze geschälte Mandeln

Birnen und Zwetschgen über Nacht in Wasser einweichen. Birnen zerteilen und 20 Minuten im Einweichwasser kochen. Zwetschgen entsteinen, Feigen in Streifen schneiden, zu den Birnen geben und in der heißen Früchtebrühe einige Stunden ziehen lassen. Früchte herausnehmen, abtropfen lassen und in mittelgroße Stücke schneiden. Zum Bestreichen 1/2 Tasse Brühe beiseite stellen.

Das Mehl in eine Schüssel geben, eine Mulde hineindrücken und darin die zerbröckelte Hefe und etwas Zucker mit ein wenig lauwarmer Früchtebrühe zu einem Vorteig anrühren. Etwa 45 Minuten an warmem Ort aufgehen lassen. Restlichen Zucker, Salz und übrige Früchtebrühe zugeben und alles zu einem festen Teig kneten. Rosinen, gehackte Nüsse und geschälte Mandeln, Zitronat, Orangeat, Gewürze und Kirschwasser unterarbeiten, Früchte als letztes vorsichtig unterheben. Mit Mehl bestreuen und nochmals gehen lassen, bis feine Risse entstehen. Kleine Brote formen, auf ein gefettetes Blech setzen und noch einige Stunden ruhen lassen. Im Backofen bei 200°C 1–1 1/2 Stunden backen. Mit Früchtebrühe bestreichen und zur Verzierung ganze geschälte Mandeln aufdrücken. Das Hutzelbrot erst nach einigen Tagen anschneiden.

Gefüllte Kalbsbrust

Schwaben

Nur wer sie noch nie gegessen hat, wird sie für einen echt schwäbischen Spar-Braten halten, weil nur außen Fleisch ist.

Für 6–8 Personen:
1 kg Kalbsbrust, Salz, Pfeffer,
1 EL Zitronensaft, 3 altbackene Brötchen,
1/4 Liter Milch, 1 Zwiebel,
2 EL gehackte Petersilie, 30 g Butter,
350 g Bratwurstbrät, 2 Eier, je 1 Prise Salz,
Pfeffer und Muskat, 50 g Butter, 1 Zwiebel,
1 Karotte, ca. 1/4 Liter Fleischbrühe,
1 EL Tomatenmark, je 1 Prise Paprika und
Pfeffer, 1/8 Liter saure Sahne

Die vom Metzger vorbereitete Kalbsbrust waschen, abtrocknen, innen und außen mit Salz, Pfeffer und Zitronensaft einreiben. Die Brötchen in Milch einweichen, ausdrücken und zerpflücken. Die kleingehackte Zwiebel und die Petersilie in der heißen Butter dünsten, abgekühlt mit dem Bratwurstbrät und den Brötchen vermischen, Eigelb, Salz, Pfeffer und Muskat unterarbeiten. Zuletzt die steifgeschlagenen Eiweiß unterheben. Die Masse in die Tasche der Kalbsbrust füllen und mit Zwirn zunähen. In heißer Butter die Kalbsbrust ringsum anbraten, Zwiebel und Karotte in Scheiben schneiden, ebenfalls kurz anbraten und mit der heißen Fleischbrühe ablöschen, Tomatenmark einrühren und würzen. Im vorgeheizten Backofen bei 200°C ca. 2 Stunden unter häufigem Begießen mit Bratensaft oder heißem Wasser braten. Das Fleisch herausnehmen, den Zwirn lösen und warmstellen. Die Soße durch ein Sieb geben, mit saurer Sahne binden und abschmecken. Die Kalbsbrust in dicke Scheiben schneiden und mit der Soße zu Kartoffelsalat und geschmälzten Spätzle reichen.

Kalbshaxe

Bayern

Von den in Süddeutschland und vor allem in Bayern beliebten Haxen steht die vom Kalb höher im Rang als die deftige schweinerne: Sie gilt als ausgesprochener Festtagsbraten. Es gibt sie gegrillt, paniert und, wie in unserem Rezept, gekocht und abgebräunt. Hin und wieder wird geraten, sie vor der Zubereitung zu entbeinen und aufgeschnitten zu Tisch zu geben. Wir meinen aber, wenn die Tafelrunde nicht zu groß ist, sollte man den zu fröhlichem Schmausen Versammelten auch einmal das Schauspiel des Tranchierens bieten.

1 Kalbshaxe (ca. 1–1 1/2 kg), Salz, 1 Zwiebel, Suppengemüse (z. B. Karotte, Lauch, Sellerie, Petersilienwurzel), Salz, Pfeffer, 50 g Fett, Bier zum Überpinseln

Die Kalbshaxe waschen. In einem Topf Salzwasser zum Kochen bringen, die halbierte Zwiebel, das kleingeschnittene Suppengemüse und das Fleisch zugeben. Zugedeckt 60–70 Minuten kochen, bis das Fleisch fast weich ist. Die Kalbshaxe herausnehmen, abtropfen lassen, abtrocknen und mit Salz und Pfeffer einreiben. Im stark vorgeheizten Backofen das Fett erhitzen, das Fleisch schön braun werden lassen, dabei öfters mit dem Bratfett oder etwas Wasser übergießen. Nach etwa 45 Minuten mit Bier überpinseln und noch kurz im Backofen lassen oder den Grill einschalten, bis die Kruste schön knusprig ist. Kartoffelsalat und grünen Salat dazu servieren. Aber auch Semmelknödel und Gemüse passen dazu.

Karpfen Thüringer Art

Thüringen

Zum Karpfen, in vielen deutschen Landschaften ein traditionelles Weihnachts- oder Silvesteressen, wurde in Ostdeutschland gerne die braune polnische Soße gegessen. In Thüringen mit seinen vielen Obstgärten und dem fruchtbaren Gemüseland um Erfurt liebt man zum Karpfen eine Fruchtsoße oder eine Gemüsesoße nach diesem Rezept.

1 Karpfen (ca. 1 1/2 kg), 1/8 Liter Essig,
1 1/2 Liter Salzwasser,
1/2 Liter trockener Weißwein,
2 Lorbeerblätter, 10 Pfefferkörner,
5 Wacholderbeeren, 1 Zwiebel,
je 200 g Lauch, Karotten, Sellerie und
rohe rote Bete, 30 g Butter, 40 g Mehl,
1 Eigelb, 2 EL süße Sahne

Den Karpfen vom Fischhändler küchenfertig vorbereiten und in 4 Stücke schneiden lassen. Gut waschen und mit heißem Essig übergießen. Salzwasser und Wein in einen Topf gießen. Die Lorbeerblätter, Pfefferkörner und Wacholderbeeren in ein Tüchlein gebunden hineinhängen. Die Zwiebel und das Gemüse grob zerteilen und zugeben. Den Sud 10 Minuten gut durchkochen. Dann die Fischstücke einlegen und ca. 20 Minuten bei geringer Hitze ziehen lassen. Den Fisch herausnehmen, auf einer gewärmten Platte wieder zusammensetzen und warmhalten. Das Gewürzbeutelchen entfernen und den Sud durch ein Sieb gießen. Die Butter erhitzen, das Mehl zufügen und andämpfen, unter Rühren mit ca. 1/2 Liter Sud ablöschen und aufkochen. Das Gemüse durch das Sieb in die Soße drücken, mit verquirltem Eigelb und Sahne abziehen, abschmecken und mit Petersilien- oder Butterkartoffeln und Salat zum Fisch reichen.

PFEFFER

Gekochte Kartoffelklöße

Franken

Sprachlich gesehen entspricht der Name dieser Klöße dem Ausdruck „weißer Schimmel", denn daß Klöße gekocht werden – oder in leicht sprudelndem Wasser ziehen müssen –, ist eigentlich selbstverständlich. Beziehen wir das Adjektiv also lieber auf die Kartoffeln, aus denen diese Klöße hauptsächlich bestehen. Sie werden übrigens auch Watte-, baumwollne oder seidene Klöße genannt. Aber weiß dann jeder, daß man gekochte Kartoffeln dazu braucht?

1 kg gekochte mehlige Kartoffeln,
100 g Mehl, 100 g Kartoffelmehl, 1 Ei,
je 1 Prise Salz und Muskat, evtl. etwas Milch,
2 altbackene Brötchen, 2 EL Butter, Salz

Die am Vortag gekochten Kartoffeln schälen, reiben und mit Mehl, Kartoffelmehl, Ei und Gewürzen zu einem glatten Teig verkneten. Je nach Bindekraft der Kartoffeln etwas Milch verwenden. Die Brötchen in Würfel schneiden und in Butter goldbraun rösten. Auf einem Brett eine Teigrolle formen, in Stücke schneiden und mit bemehlten Händen Klöße formen, dabei jeweils einige Brotwürfel in die Mitte eindrücken. Zur Probe einen kleinen Kloß in leicht sprudelndes Salzwasser geben. Nach einigen Minuten zeigt sich, ob er die Form behält oder ob noch etwas Mehl zugefügt werden muß. Die Klöße in kochendes Salzwasser einlegen, Hitze vermindern und in 20 Minuten garziehen lassen, bis die Klöße an die Oberfläche steigen. Sie sollen außen matt glänzen und innen locker sein. Mit einem Schaumlöffel die Klöße herausnehmen, gut abtropfen lassen und zu Sauerbraten, Wildgerichten oder auch mit Backobst servieren.

Kartoffelsalat

Pommern

Kartoffelsalat ist eine Spezialität, die es in allen deutschen Regionalküchen gibt, natürlich mit den verschiedenartigsten Abwandlungen. Hier ein Beispiel aus Pommern, wo traditionell der Kartoffelanbau im großen Stil betrieben wird.

1 kg Salatkartoffeln, 4 EL Öl, 2 EL Weinessig, 1/8 Liter Fleischbrühe, 1 Zwiebel, Salz, Pfeffer, 200 g durchwachsener Speck, 2 EL Öl, 1 Bund Petersilie

Kartoffeln waschen und in der Schale garkochen. Noch heiß pellen und in Scheiben schneiden. Über die noch warmen Kartoffeln die aus Öl, Essig, heißer Fleischbrühe, feingehackter Zwiebel, Salz und Pfeffer gerührte Soße gießen und leicht vermischen. Speck sehr fein würfeln, im Öl auslassen und über die Kartoffeln geben. Den Salat mit feingehackter Petersilie garnieren. Als leckere Variante empfiehlt sich Feldsalat, der zusätzlich unter die Kartoffeln gemischt wird.

Kartoffelsuppe

Westfalen

Lange Zeit war sie verpönt, die Kartoffelsuppe. Kein Wunder – für ganze Generationen muß sie ein kulinarischer Alptraum gewesen sein, als der tägliche Speiseplan hieß: Kartoffelsupp in der Früh, Kartoffeln zu Mittag in der Brüh, Kartoffeln am Abend in der Schal, macht den Tag dreimal. Heute, bei unserer abwechslungsreichen Ernährung, gilt die Kartoffel wieder etwas und wird auch in der Suppe geschätzt.

1,5 kg Kartoffeln, 1 Stange Lauch, 1 Karotte, 1/2 Sellerieknolle, 4 westfälische Mettwürstchen, 1 TL Estragonblätter, 2 Liter Fleischbrühe, 1/8 Liter süße Sahne, Salz, Pfeffer, 2 Scheiben Weißbrot, 1 Zwiebel, 2 EL Butter

Kartoffeln schälen, waschen und würfeln. Lauch, Karotte, Sellerie putzen, waschen und kleinschneiden. Kartoffeln, Gemüse, Mettwürstchen und Estragon in der Brühe 30 Minuten bei mittlerer Hitze kochen. Sahne hinzufügen, mit Salz und Pfeffer abschmecken. Würstchen herausnehmen, Gemüse mit dem Handmixer pürieren, bis die Suppe sämig ist; ein paar Kartoffelstückchen sollten – des Bisses wegen – ganz bleiben. Die unzerteilten Würstchen wieder dazugeben. 5 Minuten vor Ende der Garzeit das Weißbrot würfeln und mit der feingewürfelten Zwiebel in Butter goldgelb rösten. Über die Suppe geben und heiß servieren.

Kasseler Rippespeer

Berlin

Der Name dieses Gerichts verrät es nun ganz und gar nicht, und doch ist es eine typische Berliner Spezialität, die sich ganz Deutschland erobert hat, eine preußische Erfindung, von der sich sogar nationalbewußte Bayern begeistern lassen. Erfinder dieser kräftigen Mahlzeit soll ein Berliner Schlachter mit Namen Kassel aus der Potsdamer Straße gewesen sein.

750g Rippespeer (geräuchertes Rippenstück), 1 Karotte, 1 Zwiebel, 1 Lorbeerblatt, 3 Nelken, 5 schwarze Pfefferkörner, 1/4 Liter Rotwein, 1 TL Speisestärke, Salz, Pfeffer

Das Fleisch abwaschen und abtropfen lassen. Mit der Fettschicht nach unten in einen Bräter setzen. 1/4 Liter heißes Wasser, gestiftelte Karotte, gewürfelte Zwiebel und die Gewürze hinzufügen. Bei 180–200°C im vorgeheizten Backofen 70 Minuten garen. Fleisch regelmäßig mit dem Bratensatz begießen, 1/4 Liter Wasser nach und nach zugeben. Den Braten warmstellen. Bratenfond mit dem Rotwein ablöschen und mit der kalt angerührten Speisestärke binden. Abschmecken, durch ein Sieb geben und über das in Scheiben geschnittene Fleisch gießen. Dazu Klöße oder Salzkartoffeln mit Rosen- oder Rotkohl reichen. Übrigens – Rippespeer ist auch eine leckere Zwischenmahlzeit, kalt mit frischem Landbrot und scharfem Senf serviert. Ein mildes Exportbier sollte dabei nicht fehlen.

Original
Berliner
prickelnd
säuerlich
frisch

Kerscheplotzer

Pfalz

Den Kirschenmichel, so die hochdeutsche Übersetzung, gab es früher meistens am Samstag, mit einer einfachen Kartoffelsuppe zuvor. Wenn man so will, der werktägliche Aufgalopp für das sonntägliche Festessen. Anstatt Kirschwasser wird oft ein simpler Hefeschnaps verwendet. Kerscheplotzer läßt sich gut einfrieren und aufwärmen.

6 alte Brötchen, 1/2 Liter Milch, 75 g Butter, 75 g Zucker, 4 Eigelb, 2 cl Kirschwasser, 750 g Kirschen (süß, sauer oder gemischt), 1 Prise Zimt, 1 Prise Salz, 4 Eiweiß, Butter zum Ausfetten, Paniermehl, Butterflöckchen

Brötchen in Scheiben schneiden und in der erwärmten Milch einweichen. Die Butter mit dem Zucker und den nacheinander zugefügten Eigelb zu einer schaumigen Creme rühren, das Kirschwasser hinzugießen. Eingeweichte Brötchen, Milch und Creme verrühren, die abgetropften Kirschen unterheben und zum Schluß das mit Zimt und Salz steifgeschlagene Eiweiß unterziehen. Eine runde Auflaufform reichlich ausbuttern und mit Paniermehl bestreuen. Den Teig hineinfüllen, mit einigen Butterflöckchen versehen und etwa 50–60 Minuten im vorgeheizten Backofen bei 200°C goldbraun backen. Noch warm servieren.

Königsberger Klopse

Ostpreußen

Der Ostpreuße wird wegen seines unerschütterlichen Humors gerühmt. Dazu eine Anekdote. Ein junger Mann reitet wild auf seinem Pferd in der Gegend herum. Er trifft einen Bekannten, der ihn fragt: „Mensch, wo reitste hin?“ „Weiß ich? Frag dem Pferd!“ Nur beim Essen, da hörte der Spaß oft auf. Das war eine ernste Sache, und wer zu spät kam, kriegte zu hören: „Du kannst essen, wo die Schüssel gestanden hat.“

500 g Hackfleisch (je zur Hälfte von Rind und Schwein), 1–1 1/2 zerriebene alte Brötchen, 2 feingehackte Zwiebeln, 1 Ei, Salz, Pfeffer, Worcestersauce, 1 1/2 EL Butter, 3 EL Mehl, 3/4 Liter Fleischbrühe, Kapern, 1/2 Zitrone, 2 EL Weißwein, Zucker, Speisewürze

Hackfleisch mit den zerriebenen Brötchen, Zwiebeln, Ei, etwas Wasser, Salz, Pfeffer und einem Spritzer Worcestersauce gut vermengen und einen geschmeidigen Fleischteig kneten. Mit angefeuchteten Händen 8–10 Klopse formen. Die zerlassene Butter mit dem Mehl glattrühren. Die heiße Fleischbrühe unter Rühren hinzufügen, auf kleiner Flamme knapp 10 Minuten kochen. Kapern und abgeriebene Zitronenschale in die Soße einrühren. Klopse hineingeben und etwa 20 Minuten köcheln lassen. Mit Zitronensaft, Weißwein, Zucker und Speisewürze abschmecken. Dazu Reis und grünen Salat reichen.

Königsberger Marzipan

Ostpreußen

Marzipan, die köstliche Leckerei aus dem Orient, war früher eine teure und seltene Spezialität. Heute kann man sich den weihnachtlichen Gabenteller ohne Marzipan gar nicht mehr vorstellen. Die berühmtesten deutschen Marzipansorten wurden in zwei deutschen Ostseestädten hergestellt, in Lübeck und Königsberg. Und jede hütete eifersüchtig ihr besonderes Geheimnis der Mischung und Fabrikation. Während das Lübecker Marzipan weich und weiß bleibt, muß das Königsberger gelbbräunlich werden.

500 g süße Mandeln, einige wenige bittere Mandeln, 350 g Puderzucker, 2–3 EL Rosenwasser, 2–3 Eiweiß

Die Mandeln mit kochendem Wasser übergießen, kurz stehen lassen und dann die Schalen abziehen. Mandeln feinmahlen. Puderzucker und gemahlene Mandeln mischen, nach und nach das Rosenwasser hinzufügen und alles zu einem festen Teig verkneten. 12–24 Stunden an einem kühlen Ort ruhen lassen. Die Teigmasse etwa 1/2 cm dick ausrollen. Mit Ausstechern oder Modeln kleine Formen ausstechen. Auf die Ränder kleine Marzipanröllchen legen und mit einem Messer Muster in die Oberfläche einritzen. Im Backofen bei reichlich Oberhitze backen, bis das Marzipan etwas gebräunt ist. Aus dem Ofen nehmen und mit dem Eiweiß bestreichen.

Krabbensuppe

Friesland

„Gott schuf das Meer, der Friese die Küste“, sagt man selbstbewußt im Norden. Sicher nicht zu Unrecht, denn eine flutsichere Küste hat man in Jahrhunderten dem Blanken Hans, den oft gewaltigen Nordseesturmfluten, in mühevoller Deicharbeit abgerungen. Ein Teil dieser Küste wird liebevoll „Costa Granata“ genannt, von Granat als Bezeichnung für Garnelen, die hier zahlreich gefangen werden und eine wichtige Einnahmequelle darstellen.

800 g Krabben in der Schale, 1 Bund Suppengrün, 30 g Butter, 2 EL Mehl, 1/4 Liter süße Sahne, 1/4 Liter Weißwein, Salz, Pfeffer, 1 Messerspitze Fleischextrakt, etwas Zitronensaft

Krabben säubern und schälen. Schalen in 1/2 Liter Wasser 5 Minuten kochen. Die Brühe durch ein Sieb gießen und darin das geputzte und kleingeschnittene Suppengrün 1/2 Stunde köcheln lassen, danach erneut durch ein Sieb geben. Butter im Topf zerlassen, das Mehl hineinrühren und mit der Brühe ablöschen. Unter ständigem Rühren kurz aufkochen, dann die Hälfte der Sahne und den Wein zugeben. Die Krabben in die Suppe geben und erhitzen. Mit Gewürzen und Zitronensaft abschmecken. In vorgewärmten Suppenschalen servieren. Obenauf ein Häubchen geschlagene Sahne setzen. Mit frischem Toast reichen. Ein trockener Weißwein dazu ist zu empfehlen.

Krautwickel

Bayern

Leibspeisen haben viele Namen. So auch die Krautwickel, die man auch Kohlrouladen, Krautwürste oder Kohlrollen nennt. Wie immer sie heißen, jedenfalls wird die den Deutschen nachgesagte Liebe zum Kraut hier noch dadurch verstärkt, daß die Hackfleischfüllung und die Krautblätter ihren Geschmack zu einem herzhaften Genuß vereinigen. Gern wird Tomatensoße oder holländische Soße dazu gereicht. Aber ist das nicht schade um die herrliche eigene Soße?

1 Kopf Weißkraut (ca. 2 kg),
2 Liter Salzwasser, 1 altbackenes Brötchen,
375 g Hackfleisch, 1 Zwiebel,
1 EL gehackte Petersilie, 30 g Butter, 1 Ei,
1 TL Salz, 1/2 TL Pfeffer, 1 Prise Muskat,
50 g Schweineschmalz, 1 EL Mehl,
1/4 Liter Bratensoße, 1/4 Liter Fleischbrühe,
Speisestärke

8–12 schöne, große Krautblätter ablösen, in schwach kochendem Salzwasser in 15 Minuten halbweich kochen, abtropfen lassen und die dicken Rippen flachschneiden. Das Brötchen in kaltem Wasser einweichen, ausdrükken und zerpflückt zum Hackfleisch geben, die kleingeschnittene Zwiebel und die Petersilie in Butter andünsten, ebenfalls dazutun und alles mit Ei und Gewürzen zu einem Fleischteig verkneten. In die Mitte jedes Krautblattes eine Portion Füllung geben und zusammenrollen. Eventuell mit Garn zusammenbinden. In einem Bräter Schweineschmalz erhitzen und die Krautwickel von allen Seiten braun anbraten. Mehl darübersieben, mit Bratensoße ablöschen, Fleischbrühe zugießen und zugedeckt ca. 50 Minuten dünsten. In den letzten 10 Minuten ab und zu mit der Bratenflüssigkeit übergießen. Diese mit etwas angerührter Speisestärke binden. Dazu Salzkartoffeln servieren.

Bremer Kükenragout

Niedersachsen

Ein klassisches Gericht der norddeutschen Küche und ein ausgesprochener Leckerbissen dazu! Früher waren für dieses Rezept ausschließlich Küken vorgeschrieben. Aber die sind heute schwer zu bekommen, und wer ein nicht zu altes Suppenhuhn wählt, der ist ebenso gut beraten.

1 Suppenhuhn von 1,5–2 kg, 1 Bund Suppengrün, Salz, 60 g Butter, 60 g Mehl, 150 g Champignons, Pfeffer, 1 EL Butter, 125 g Spargel, 150 g Krebsschwänze, 1/8 Liter süße Sahne, 2 Eigelb, 1/8 Liter trockener Weißwein, Zitronensaft, 150 g geschälte Krabben

Das küchenfertige Huhn gründlich abwaschen. Suppengrün putzen, kleinschneiden und mit dem Huhn mit reichlich Salzwasser bedeckt 1 1/2 Stunden kochen. Huhn herausnehmen und die Brühe durch ein Sieb gießen. Das Huhn enthäuten und in kleine Stücke teilen. Aus Butter und Mehl eine helle Mehlschwitze zubereiten und mit 1 Liter der Hühnerbrühe ablöschen und aufkochen. Champignons waschen, abtropfen lassen und in Scheiben schneiden, salzen, pfeffern und in der Butter andünsten. Spargel in Salzwasser garen und kleinschneiden. Spargel, Pilze, Krebsschwänze und das kleingeschnittene Hühnerfleisch in die Soße geben. Sahne mit den Eigelb verquirlen und damit die Soße legieren. Den Wein hinzufügen, mit Salz, Pfeffer und etwas Zitronensaft abschmecken. Zum Schluß die Krabben in die Soße geben. Erhitzen, aber nicht mehr aufkochen lassen. Dazu körnigen Reis servieren.

Lauchkuchen

Pfalz

Neben anderen angenehmen Eigenschaften sind die Pfälzer bekannt für ihre liebenswürdige Kompromißbereitschaft. Nicht zuletzt gilt dies auch für ihre Küche. Kein Wunder, daß die Nähe zu Frankreich zu einem fruchtbaren Austausch kulinarischer Spezialitäten geführt hat. Nur – die Pfälzer mögen's ein wenig kräftiger und deftiger. Probieren Sie einmal diese pfälzische Variante einer Quiche lorraine. Ihre Gäste werden begeistert sein!

Für den Teig: 125 g Butter oder Margarine, 1 TL Salz, 250 g Mehl, 3 EL kaltes Wasser, Fett zum Ausfetten der Form.
Für den Belag: 1 kg Lauch, 300 g durchwachsener geräucherter Speck, 50 g Butter, 1/2 Liter Fleischbrühe, Salz, Pfeffer, Muskat, 4 Eier, 1/4 Liter süße Sahne, 4 EL Mehl

Alle Zutaten für den Teig verkneten und an einem kühlen Ort ruhen lassen. Den Teig ausrollen, in eine gut ausgefettete Springform (Ø 28 cm) geben und am Rand hochdrücken. Für den Belag den Lauch putzen, gründlich waschen und in kleine Stücke schneiden. Den Speck fein würfeln und in der Butter auslassen. Lauchstückchen hinzugeben, mit der heißen Brühe übergießen und mit den Gewürzen abschmecken. Nach 5–8 Minuten den Lauch und den Speck herausnehmen und auf dem Kuchenboden verteilen. Eier, Sahne und Mehl verquirlen, mit Salz, Pfeffer, Muskat würzen und über die Lauchstücke gießen. 20 Minuten bei 180–200° C im vorgeheizten Backofen backen. Heiß servieren und einen trockenen Weißwein dazu reichen.

Leberknödelsuppe

Bayern

In Bayern sind's die Leberknödel, im Schwäbischen die Leberspatzen oder Leberknöpfle, die man gern zu Sauerkraut oder auf der Schlachtplatte genießt. In kleinerer Form zieren sie die Suppe auch einmal bei einem Hochzeitsmahl.

4 Brötchen vom Vortag, ca. 1/8 Liter Milch,
250 g Rinderleber, 1 Zwiebel,
30 g Butter, 1 EL gehackte Petersilie,
1/2 TL Salz, je 1 Prise Pfeffer und Majoran,
1/2 TL abgeriebene Zitronenschale, 2 Eier,
40 g Mehl, 2 Liter Salzwasser,
evtl. Weckmehl, 1 Liter Fleischbrühe,
1 EL Schnittlauchröllchen

Die Brötchen in feine Scheiben schneiden, mit heißer Milch übergießen und zugedeckt stehenlassen. Inzwischen die Leber aus allen Häuten und Sehnen schaben oder durch den Fleischwolf drehen. Die feingehackte Zwiebel in der erhitzten Butter andünsten, Petersilie kurz zugeben. Mit der Leber, den Gewürzen, Eiern und dem Mehl vermischen, zuletzt die Brötchen unterarbeiten. Mit nassen Händen einen Probekloß formen, in kochendes Salzwasser einlegen und einige Minuten kochen lassen. Falls der Kloß auseinanderfällt, noch etwas Weckmehl zum Teig geben. Knödel mit ca. 4 cm Durchmesser formen und in das kochende Salzwasser geben, bei geringer Hitze 20 Minuten ziehen lassen. Mit einem Schaumlöffel die Knödel herausnehmen, in eine Suppenschüssel geben, mit heißer Fleischbrühe übergießen und Schnittlauch darüberstreuen.

Weiße Nürnberger Lebkuchen

Franken

Heller sind sie als die braunen Lebkuchen, die mit Honig bereitet werden, aber weiß nicht. Mit Zuckerguß kann man freilich beide weiß machen, und auch die Elisenlebkuchen, die kaum oder gar kein Mehl enthalten.

400 g geschälte Mandeln, 5 Eier, 350 g Zucker, 1 1/2 TL Zimt, je 1 gestrichener TL gemahlene Nelken und Kardamom, je 50 g gewürfeltes Zitronat und Orangeat, 15 g Pottasche, 1 cl Kirschwasser, 350 g Mehl, ca. 25 Oblaten etwa 6,5 cm × 12 cm, 125 g Puderzucker, 1 Päckchen Schokoladenglasur

350 g Mandeln auf dem Ofenblech leicht gelblich anrösten, dann die eine Hälfte stifteln, die andere mahlen. Den Rest der Mandeln halbieren und zum Verzieren beiseite legen. Eier und Zucker schaumig rühren. Gewürze, Zitronat, Orangeat und die in Kirschwasser aufgelöste Pottasche hineinrühren. Das Mehl und dann die gestiftelten und gemahlenen Mandeln portionsweise darunterarbeiten. Den Teig vorsichtig 3–5 mm dick zum Rand hin abflachend auf die Oblaten streichen. Das erste Blech mit Lebkuchen belegen und bei 160° C im vorgeheizten Ofen ca. 20 Minuten backen. Sie sollen nicht hart werden. Während dieses erste Blech im Ofen ist, den Puderzucker mit Wasser dickflüssig verrühren. Nach dem Backen die noch heißen Lebkuchen mit einem Pinsel damit glasieren und sofort mit Mandeln verzieren. Für den Rest der Lebkuchen die Schokoladenglasur nach Vorschrift auflösen und die Lebkuchen nach dem Backen damit überziehen und gleichfalls mit Mandeln verzieren.

Leipziger Allerlei

Sachsen

Dieser Eintopf ist nicht, wie gemeinhin angenommen, nur eine Mischung aus vier oder fünf Gemüsearten, sondern eine Komposition zum Teil recht aufwendiger Zutaten. Im Sommer, wenn die Gemüse frisch zu haben sind, schmeckt er am besten.

1 kleiner Blumenkohl, je 250 g Spargel, Prinzeßbohnen, Erbsen und junge Karotten, 250 g Spitzmorcheln, frisch oder aus der Dose oder 20–30 g getrocknete, Salz, Zucker, 50 g Butter, 30 g Mehl, 1/2 Liter Gemüsebrühe, 3 EL süße Sahne, 25 g Krebsbutter, je 1 Prise Salz, Muskat und Zucker, einige Krebsschwänze oder 1 Dose Krebsfleisch

Gemüse waschen. Blumenkohl im ganzen kochen, Spargel schälen und in ca. 5 cm lange Stücke schneiden, Bohnen brechen, Erbsen enthülsen, kleine Karotten ganz lassen, größere würfeln, getrocknete Morcheln einweichen und den Sand gut auswaschen. Jedes Gemüse getrennt in Salzwasser mit einer Prise Zucker nicht zu weich kochen, abtropfen lassen und warmhalten, bis alles fertig ist. Butter erhitzen, Mehl hell anschwitzen und mit gemischter Gemüsebrühe ablöschen, gut durchkochen, Sahne und Krebsbutter unterrühren und mit Salz, Muskat und Zucker abschmecken. Eine große Gemüseplatte vorwärmen, Blumenkohl in die Mitte legen, das Gemüse ringsum anrichten, mit Krebsschwänzen dekorieren und etwas heiße Soße darübergießen. Den Rest des Gemüses getrennt reichen. Das Leipziger Allerlei wird häufig auch vermischt in einer Schüssel serviert. Dazu passen gut Kalbskoteletts oder Schnitzel mit Rührei und Petersilie.

Linsen und Spätzle

Schwaben

Für seine Spätzleleidenschaft ist der Schwabe weltbekannt. Zusammen mit Linsen sind sie eines seiner Leibgerichte.

Linsen: 250 g Linsen, 1 mittelgroße mehlig kochende Kartoffel, 1 Lorbeerblatt, 100 g geräucherter Speck, 1 Zwiebel, 1–2 EL Essig, 1/2 TL Salz, 1 Prise Pfeffer, 4 Paar Saitenwürste (oder Frankfurter).
Spätzle: 500 g Mehl, 4 Eier, 1 TL Salz, Wasser

Linsen waschen, über Nacht in kaltem Wasser einweichen, dann das Einweichwasser so auffüllen, daß die gequollenen Linsen gut bedeckt sind. Kartoffel schälen und kleingeschnitten unter die Linsen mischen. Lorbeerblatt zugeben und ca. 1 Stunde kochen, dann das Lorbeerblatt entfernen. Speck würfeln, erhitzen, darin die kleingeschnittene Zwiebel dünsten, zu den Linsen geben, alles gut durchkochen und mit Essig, Salz und Pfeffer abschmecken. Die Saitenwürste, um sie zu erhitzen, auf die Linsen legen.

Für die Spätzle Mehl, Eier, Salz und eventuell etwas lauwarmes Wasser zu einem zähen Teig schlagen. Der Teig ist richtig, wenn er beim Hochziehen des Rührlöffels „reißt". Eine Portion Teig auf das nasse Spätzlesbrett geben und mit dem Teigschaber dünne Teigstreifen in einen Topf mit kochendem Salzwasser schaben – das erfordert Übung. Leichter ist es, den Teig durch eine Presse in das Wasser zu drücken. Wenn die Spätzle an die Oberfläche kommen, mit dem Schaumlöffel herausnehmen, auf einem Sieb gut abtropfen lassen und in einer vorgewärmten Schüssel warmhalten. Linsen und Spätzle getrennt servieren.

Mastente

Pommern

Ein Familienfest war auch in Pommern die Gelegenheit für einen guten Braten. Auf einer solchen Grundlage ließ sich's zünftig feiern – und natürlich auch zechen. Da ging den sonst so wortkargen Pommern der Mund über, und es entstanden die kurzen, aber treffenden pommerschen Sprüche, wie zum Beispiel: „Stroh im Stiefel und Liebe im Herzen, die gucken immer raus."

1 küchenfertige Ente (ca. 2 kg), Salz, Pfeffer, 125 g entsteinte Backpflaumen, 1/4 Liter Rotwein, 2 saure Äpfel, etwas Zitronensaft, 75 g Haselnüsse, 2 Zwiebeln, 1/4 Liter Rotwein, 500 g Pellkartoffeln, 125 g Crème fraîche

Ente waschen, trockentupfen, innen und außen mit Salz und Pfeffer einreiben. Die Backpflaumen eine Stunde vorher im Rotwein einweichen. Äpfel schälen, Kerngehäuse herausschneiden, vierteln und mit Zitronensaft beträufeln. Haselnüsse feinhacken und mit den Backpflaumen vermengen. Zusammen mit den Apfelstücken in die Ente füllen. Diese mit Küchengarn zunähen und in einen mit Wasser ausgespülten Bräter setzen. Dazu die geschälten und grob gewürfelten Zwiebeln geben. Etwa 1 1/2–2 Stunden bei 225° C auf der unteren Schiene im Backofen braten. Von Zeit zu Zeit mit einer Gabel hinter den Flügeln und Keulen einstechen, damit das Fett ausbraten kann. Ein wenig Fett abschöpfen und durch den Rotwein ersetzen. 15 Minuten vor Ende der Garzeit die vorgekochten und geschälten Pellkartoffeln hinzufügen und mitschmoren lassen. Ente und Kartoffeln herausnehmen und warmstellen. Den Bratenfond mit etwas Wasser loskochen, durch ein Sieb passieren und die Crème fraîche unterziehen. Mit Salz und Pfeffer abschmecken und die Soße separat zur Ente servieren.

Matjestopf

Friesland

Im Juni kommen die ersten Heringsfänge an Land, und damit fängt auch die Matjessaison an. Der Name Matjes kommt aus dem Holländischen, von „Meisje“ für junges Mädchen. Matjes ist also ein jungfräulicher Hering, der schon an Bord der Fischtrawler eingesalzen wird. Das Einsalzen hat auch ein Holländer als erster praktiziert, nämlich Wilhelm Beukels im Jahre 1416. Übrigens – Matjes schmeckt nicht nur als Katerfrühstück.

4–6 Matjesheringe (oder Salzheringe), 1/2 Liter Milch oder Mineralwasser, 1/2 Liter saure Sahne, 1/2 Zitrone, Zucker, Pfeffer, 3 Zwiebeln, 1–2 säuerliche Äpfel, 1 TL Senfkörner

Heringe waschen, häuten und entgräten. Die ausgelösten Fischfilets mehrere Stunden in der Milch oder im Mineralwasser einlegen. Die saure Sahne mit dem Saft von einer halben Zitrone, etwas Zucker und Pfeffer abschmecken. Zwiebeln schälen und in dünne Ringe schneiden. Die geschälten, vom Kerngehäuse und Stiel befreiten Äpfel in feine Scheiben schneiden. Zwiebelringe und Apfelscheiben mit der sauren Sahne vermengen, dann abwechselnd mit den abgetropften Heringsfilets in einen Tontopf schichten; die Marinade soll alles gut bedecken. An einem kühlen Ort 12 Stunden stehen lassen. Kalt servieren. Dazu schmecken am besten frische Pellkartoffeln mit zerlassener Butter und gehackter Petersilie.

Maultaschen

Schwaben

Nicht viele warme Gerichte gibt es, zu denen sich der Schwabe nicht auch noch Spätzle wünscht. Bei den Maultaschen kommt er ohne aus, denn er liebt sie genauso wie jene. Er ißt sie einfach „in der Brühe" oder mit Zwiebeln „geschmälzt" zu Kartoffel- und Gurkensalat, und zwar, ob Katholik oder Protestant, besonders gern als Fastenspeise am Gründonnerstag. Wenn die Hausfrau dann am Karfreitag die übriggebliebenen als „g'röschte mit Ei" (in breite Streifen geschnitten und mit verquirltem Ei geröstet, gebraten) wieder auf den Tisch bringt, ist's einem rechten Schwaben grad recht.

500 g Nudelteig (vom Bäcker), 500 g Hackfleisch, 500 g Bratwurstbrät, 1 Paar Landjäger oder 200 g Hartwurst, 7 altbackene Brötchen, 7 Eier, 1 Packung Gefrierspinat (400 g), 30 g Butter, 1/2 Zwiebel, 2 EL feingeschnittener Lauch, 1 EL gehackte Petersilie, 1 TL Salz, 1 Prise Pfeffer, 2 Liter Fleischbrühe

Den Nudelteig in ca. 8 × 10 cm große Rechtecke schneiden. Hackfleisch, Bratwurstbrät, kleingeschnittene Wurst, die eingeweichten, gut ausgedrückten, zerpflückten Brötchen, die Eier und den aufgetauten Spinat vermischen. Die Butter erhitzen und die gehackte Zwiebel, Lauch und Petersilie darin andämpfen, dann mit den Gewürzen ebenfalls zu dem Fleischteig geben und gut durcharbeiten. Die Fülle auf die Hälfte der Teigrechtecke verteilen. Die Ränder mit Wasser befeuchten und jeweils ein passendes Teigstück über die Füllung legen, gut zudrücken. Die Maultaschen in schwach köchelnder Fleischbrühe etwa 12 Minuten ziehen lassen. Entweder in der heißen Fleischbrühe anrichten oder mit in Butter gebräunten Semmelbröseln oder Zwiebelringen schmälzen.

Mecklenburger Fischertopf

Mecklenburg

Fischgerichte in allen Variationen gab und gibt es reichlich in diesem Land, dessen Fischreichtum sprichwörtlich ist. Ob Hering, Makrele, Aal oder Hecht, für Fischliebhaber ist die Mecklenburger Küche ein kleines Paradies. Hier ein Fischertopf, bei dem Sie dem Fisch Ihrer Wahl den Vorzug geben können.

5 Zwiebeln, 1 Salatgurke, 125 g Bratfett, Salz, Pfeffer, Knoblauch, 4–6 mittelgroße, festkochende Kartoffeln, 600 g Fischfilet, 1/2 Liter Fleischbrühe, 1 EL mittelscharfer Senf, 1 Bund Dill, Estragon, 1/8 Liter süße Sahne, Zitronensaft, 1 dl Weißwein

Zwiebeln schälen und grobschneiden, Gurke schälen, entkernen und in daumengroße Würfel schneiden. Zwiebel- und Gurkenstücke im erhitzten Bratfett kurz andünsten und mit Salz, Pfeffer und ein wenig Knoblauch würzen. Die vorab gekochten Kartoffeln würfeln und das Fischfilet in nicht zu kleine Stücke schneiden. Leicht salzen, zum Gemüse geben und mit der heißen Fleischbrühe auffüllen. Auf kleiner Flamme etwa 15 Minuten ziehen lassen. Zum Schluß Senf, gehackten frischen Dill und etwas Estragon zufügen. Topf von der Kochstelle nehmen, Sahne unterziehen. Mit Zitronensaft und Weißwein abschmekken. Heiß servieren. Dazu frischen grünen Salat reichen.

Meerrettichlende

Berlin Brandenburg

Theodor Fontane beschreibt in seinen „Wanderungen durch die Mark Brandenburg“ den Meerrettichmarkt von Lübbenau an den Ufern der Spree im vergangenen Jahrhundert. Es muß schon beeindruckend gewesen sein, wenn die Spreewäldler auf Hunderten von großen Kähnen im Herbst ihre Meerrettichernte herbeifuhren. In Lübbenau sollen jährlich an die 20000 Zentner Meerrettich an Händler aus allen Teilen Deutschlands verkauft worden sein.

750 g Rinderlende, Salz, Pfeffer, Öl, 125 g Butter, 2 mittelgroße Zwiebeln, 1/4 Liter Fleischbrühe, 2 saure Äpfel, 1 EL Butter, 4 EL geriebener Meerrettich, 1 TL mittelscharfer Senf, 1 EL Mehl, 4 EL saure Sahne, 2 EL Preiselbeeren, Zitronensaft

Rinderlende abwaschen, trockentupfen. Mit Salz, Pfeffer und Öl einreiben, in der erhitzten Butter anbraten. Zwiebeln in Scheiben schneiden, kurz mit andünsten und nach und nach die heiße Fleischbrühe hinzugeben, auf mittlerer Hitze etwa 40 Minuten garen lassen. Äpfel schälen, entkernen und in kleine Stücke schneiden. In der Butter andünsten. Geriebenen Meerrettich, Senf, das mit der Sahne verrührte Mehl und die Apfelstückchen kurz vor Ende der Garzeit zum Fleisch geben. Mit Preiselbeeren und Zitronensaft abschmecken. Dazu Salzkartoffeln und Gurkensalat reichen.

Mohnklöße

Schlesien

Seit Menschengedenken sind die „Mohnkließla" alles andere als rundliche Knödel, Klopse oder Klöße, sondern vielmehr eine aus eingeweichten Brötchen und einer Mohnmasse geschichtete Süßspeise. – Eine der Spezialitäten aus Schlesien, wo früher sehr viel Mohn angebaut wurde.

250 g frisch gemahlener Mohn, 3/8 Liter Milch, 50 g Zucker, 125 g Rosinen, 75 g Mandeln, 50 g Zitronat, 1/2 Liter Milch, 1 EL Zucker, 1/2 TL Zimt, 5 Brötchen vom Vortag

Den Mohn mit kochender, gesüßter Milch übergießen und etwas ziehen lassen. Rosinen mit heißem Wasser überbrühen und quellen lassen, Mandeln ebenfalls überbrühen, abziehen und hacken. Rosinen, Mandeln und Zitronat zur Mohnmilch geben und alles auf kleiner Flamme unter ständigem Rühren zu einer dicken Masse verarbeiten. Milch mit Zucker und Zimt verrühren, die in 1 cm dicke Scheiben geschnittenen Brötchen darin einweichen. In eine Glasschüssel abwechselnd eine Schicht Brötchen und Mohnmasse füllen, so daß eine Mohnschicht oben abschließt. Die Süßspeise gut kühlen und mit Vanillesoße oder Schlagsahne servieren. An kalten Tagen wurde in Schlesien Glühwein dazu getrunken.

Muscheln

Rheinland

In den Monaten mit einem R im Namen, also zwischen September und April, werden die Mies- oder Pfahlmuscheln in der Nordsee und im Kanal geerntet. Als im vorigen Jahrhundert der Bau der Eisenbahnen schnelle Transporte möglich machte, kamen auch bald die fangfrischen Muscheln bis in die rheinischen Städte und gewannen dort viele Liebhaber. Ihre Zahl ist heute so groß, daß sich einige Restaurants ganz auf Muschelgerichte spezialisiert haben. Inzwischen ist es natürlich in keiner deutschen Großstadt mehr ein Problem, frische Muscheln zu bekommen und sie als besonderes Mahl zuzubereiten.

2 1/2 kg frische Miesmuscheln, 4 Zwiebeln, 2 Karotten, 1/2 Sellerieknolle, 1 Knoblauchzehe, 1 Lorbeerblatt, 6 Wacholderbeeren, 1 TL grob gemahlener Pfeffer, 1 TL Salz, 1/2 Liter trockener Weißwein, 1 EL Zitronensaft

Die Muscheln gründlich waschen und mit einer harten Bürste unter fließendem Wasser sauber bürsten, geöffnete Muscheln wegwerfen. Zwiebeln, Karotten und Sellerie in feine Streifen schneiden, die Knoblauchzehe fein hacken und mit Lorbeerblatt, Wacholderbeeren, Pfeffer und Salz in einen großen Topf mit Weißwein und Zitronensaft geben. Alles 10 Minuten durchkochen lassen. Die Muscheln hineingeben, zudecken und 5–10 Minuten kochen lassen. Den Topf dabei ab und zu schütteln, damit sich die Muscheln gleichmäßig öffnen – ein Zeichen dafür, daß sie gar sind. Die nicht geöffneten Muscheln wegwerfen, da sie ungenießbar sind. Die Brühe gut abschmecken und über die in Suppentellern servierten Muscheln gießen. Dazu gehört Pumpernickel oder rheinisches Schwarzbrot mit Butter.

Nürnberger Gwerch

Franken

Ein leckeres Durcheinander ist es, was man in Franken mit einem kräftigen Bauernbrot und bei einem frischen Bier gern als Vesper zu sich nimmt. Bei der Zusammenstellung der Zutaten kann man der Phantasie freien Lauf lassen, und unsere beiden Beispiele sind nur als Anregungen für eigene Schöpfungen gedacht.

Je 100 g gekochtes Ochsenmaul,
weißer und schwarzer Preßsack, Stadtwurst
(oder Fleischwurst), 2 hartgekochte Eier,
2 Zwiebeln, je 3 EL Essig und Öl,
je 1 Prise Salz, Pfeffer, Zucker

Ochsenmaul und Wurst in feine Streifen, Eier in Achtel schneiden, Zwiebeln fein hacken. Mit der Soße aus Essig, Öl, Gewürzen und Zucker den Salat mischen und einige Stunden kaltstellen.

Je 150 g weicher Limburger Käse und Butter,
1 Zwiebel, je 1 Prise Salz,
gemahlener Kümmel, Pfeffer, Paprika,
4 Rettiche

Käse und Butter zerdrücken und rühren, bis eine geschmeidige Masse entsteht. Die kleingehackte Zwiebel, Salz und Kümmel unterarbeiten. Eine Kugel formen, mit Pfeffer und Paprika bestreuen und auf einem Holzbrett 1 Stunde kaltstellen. Inzwischen die Rettiche hobeln, salzen, zugedeckt ziehen lassen und vor dem Servieren gut vermengen und zu der Käse-Butter-Kugel servieren.

Brauer

Omelette mit Spargelspitzen

Baden

Jährlich im Mai und Juni finden im Barockschloß des nordbadischen Städtchens Schwetzingen Festspiele statt, und vor oder nach den musikalischen Genüssen können die Besucher sich an den ringsum in der Rheinebene frisch gestochenen Spargeln erfreuen. Für die immer etwas knifflige Zubereitung des Omelettes, das sich natürlich auch mit Pilzen, Krabben, Käse, Kräutern oder Konfitüre füllen läßt, ein Tip: Nehmen Sie eine gußeiserne Pfanne, die die Hitze gut verteilt, mit einem gewölbten Rand. Kenner spülen eine solche Pfanne nicht, sondern wischen sie nach Gebrauch mit Papier aus.

Für 1 Omelette:
3 Eier, 1 Prise Salz, 2 EL Butter,
150 g gekochte Spargelspitzen, 1 EL Butter,
Salz, Pfeffer, 1 TL gehackter Kerbel
oder Petersilie

Eier und Salz verquirlen. Butter in einer Pfanne bei mittlerer Temperatur erhitzen, Eier hineingießen und sofort die Masse etwas verrühren, damit sie gleichmäßig stockt. Wenn sich am Boden eine zusammenhängende Schicht gebildet hat, wird die Pfanne leicht gerüttelt und auf der einen Seite angehoben; so schiebt sich das Omelette etwas zusammen und kann vorsichtig von der einen und dann von der anderen Seite hochgeklappt werden. Das Omelette zum Rand gleiten lassen und auf einen vorgewärmten Teller stürzen. Die Spargelspitzen in Butter schwenken, mit wenig Salz und Pfeffer würzen. Das Omelette in der Mitte der Länge nach aufschneiden, mit den Spargelspitzen füllen und mit den Kräutern bestreuen. Sofort servieren, damit das Omelette luftig bleibt.

Pfefferpotthast

Westfalen

Im Jahre 1378 wird dieses Gericht erstmals in der Geschichte von Dortmund erwähnt. Eine hübsche Witwe, die Neise Sundermann, hatte mit dem Grafen von Dinslaken ein Techtelmechtel. Der hatte nicht nur ein Auge auf die schöne Dortmunderin geworfen, sondern auf die ganze Stadt, die er mit Hilfe seiner Geliebten erobern wollte. Die sollte den Torwärter weglocken. Was ihr auch gelang – mit der Bitte, Fleisch für den Potthast zu besorgen. Als Belohnung winke ihm eine kräftige Portion. Der Wächter ging, die schöne Witwe zog das Fallgitter hoch. Aber leider nur eines, das zweite vergaß sie. So gewannen die Dortmunder Zeit, besiegten den Grafen und feierten den Sieg mit einem gewaltigen Pfefferpotthastmahl. – Von dieser Geschichte gibt es übrigens – genau wie beim Pfefferpotthast – mehrere Variationen.

1 kg Zwiebeln, 60 g Schmalz, 1 kg Rind- oder Ochsenfleisch (kurze Rippe oder Oberschulter), Salz, Pfeffer, 1 Liter Fleischbrühe, 2 Gewürznelken, 1 Lorbeerblatt, 5 schwarze Pfefferkörner, 2 Zitronenscheiben, etwas abgeriebene Zitronenschale, 1 EL Semmelmehl

Zwiebeln schälen, in Ringe schneiden und in einem großen Topf im Schmalz glasig dünsten. Das Fleisch grob würfeln, kurz mit anschmoren. Würzen und mit der heißen Fleischbrühe auffüllen. Nelken, Lorbeerblatt, Pfefferkörner und Zitronenscheiben hinzufügen. Das Ganze zugedeckt 1 1/2–2 Stunden bei geringer Hitze garen. Fein abgeriebene Zitronenschale hinzufügen, bei Bedarf nachwürzen. Einmal kurz aufkochen lassen, dann die Flüssigkeit mit dem Semmelmehl andikken. Dazu Salzkartoffeln und saure Gurken reichen. Rote Bete schmeckt ebenfalls gut dazu. Ein Dortmunder Pils sollte natürlich nicht fehlen.

Pfitzauf

Schwaben

Er hat viel Ähnlichkeit mit dem Windbeutel, dieser schwäbische Luftikus, der sich im Ofen zu blasiger Gestalt aufgeplustert hat. Doch anders als bei seinem Vetter wird sein Teig zum Backen nicht aufs Ofenblech gesetzt, sondern in breiiger bis flüssiger Form in spezielle irdene Pfitzaufformen gefüllt, die meist zu viert oder sechst am oberen Rand durch Stege miteinander verbunden sind. Wenn Sie keine solchen Formen zur Verfügung haben – sie werden heute nicht einmal in jedem schwäbischen Haushalt zu finden sein –, können Sie auch feuerfeste Pastetenförmchen verwenden. Dann werden die Pfitzauf kleiner und dafür zahlreicher.

Und der lustige Name „Pfitzauf"? Vielleicht ist seine erste Silbe verwandt mit dem alten alemannisch-bayerischen „Pfister" und dem lateinischen „pistor", dem Bäcker. Dann bedeutete Pfitzauf „etwas beim Backen Aufgegangenes" – und das ist's ja auch.

Für 6 Formen:
250 g Mehl, 1 Prise Salz, 1/2 Liter Milch,
4 Eier, 30 g Butter, Puderzucker

Mehl, Salz und Milch glatt verrühren, die verquirlten Eier zugeben. Die mit Butter gut gefetteten Pfitzaufformen zur Hälfte füllen. Im Backofen bei 200°C in 1 1/4 Stunden aufgehen lassen und noch heiß stürzen. Nach Geschmack mit Puderzucker bestreuen und noch warm zu Kaffee oder Kompott servieren. Die kalten Pfitzauf kann man auch mit Schlagsahne füllen.

Pichelsteiner

Bayern

Einen Ort mit dem Namen Pichelstein verzeichnet kein Atlas. Auf der Suche nach der Herkunft des Pichelsteiner Topfes führt eine Spur auf den 862 m hohen Bichlstein im Bayerischen Wald, wo eine Wirtin aus Grattersdorf ihn im vorigen Jahrhundert erstmals einer Herrengesellschaft aufgetischt haben soll. Inzwischen zählt der Pichelsteiner zu den beliebtesten Eintopfgerichten, und das mit Recht, wird er doch mit seinen mindestens drei Fleischarten und sechs Gemüsesorten an Vielfalt kaum von einem anderen Eintopf übertroffen.

Je 200 g Rind-, Schweine- und Kalb- oder Hammelfleisch, 50 g Schweineschmalz, 2 Zwiebeln, 500 g Kartoffeln, 500 g Wirsing, 1/2 Sellerieknolle, 1 Stange Lauch, 4 Karotten, 150 g grüne Bohnen, je 1 TL Majoran, Salz und Kümmel, 1 Prise Pfeffer, ca. 1/2 Liter Fleischbrühe, 1/4 Liter Weißwein, 2 EL gehackte Petersilie

Fleisch in Würfel schneiden, im heißen Schweineschmalz ringsum anbraten, die kleingeschnittenen Zwiebeln mitdünsten und mit etwas heißem Wasser ablöschen. Kartoffeln schälen und würfeln, Wirsing, Sellerie, Lauch, Karotten und Bohnen kleinschneiden. Schichtweise die Kartoffeln und das Gemüse auf das Fleisch geben, jede Schicht würzen. Fleischbrühe und Wein dazugießen und den Pichelsteiner Topf zum Kochen bringen. Deckel schließen und bei schwacher Hitze ca. 1 1/2 Stunden garen oder ca. 2 1/2 Stunden bei mittlerer Hitze in den Backofen stellen. Wenn nötig noch etwas heiße Brühe nachgießen, aber nicht umrühren. In eine große Schüssel füllen und mit Petersilie bestreuen.

Pickert

Westfalen

Als der liebe Herrgott sich die Welt besah, um den ersten Menschen zu formen, kam er auch nach Westfalen, so wird berichtet. Als er eine knorrige Eichenwurzel sah, dachte er bei sich: „Die wär' mir für meinen Adam schon recht." Als er sie zum Zwecke der göttlichen Veredelung anstieß, da richtete sich die Wurzel nur ungehalten auf und brummte: „Was stubst mich an?" Es ist nicht ganz ausgeschlossen, daß da gerade der erste Westfale vor seinem Pickert saß, der heißgeliebten Spezialität, die es in Westfalen in zahllosen Varianten gibt.

1 1/4–1 1/2 kg große Kartoffeln, 4 Eier, 1 Prise Zucker, 2 1/2 EL Mehl, 150 g Rosinen, Salz, 30 g Hefe, 4 1/2 EL Milch, 2 Prisen Zucker, Butter zum Braten

Kartoffeln schälen, waschen und in ein Sieb reiben. Gut abtropfen lassen oder die geriebenen Kartoffeln in einem Tuch auspressen. Kartoffeln mit den Eiern, einer Prise Zucker und dem Mehl zu einem festen Teig verrühren. Gewaschene und abgetropfte Rosinen unterheben, mit Salz abschmecken. Zerbröselte Hefe mit der lauwarmen Milch und dem Zucker an einem warmen Ort 30 Minuten gehen lassen. Hefe in den Kartoffelteig einrühren. Der Teig darf nicht zu steif werden. 2 Stunden an warmer Stelle gehen lassen. Butter in der Pfanne erhitzen, Teig etwa 1 cm hoch hineingeben und von beiden Seiten goldgelb backen. Dazu Konfitüre reichen. Für viele schmeckt der Pickert am besten, wenn er nach dem ersten Braten eine Weile kalt steht und ein zweites Mal aufgebacken wird.

Pilzragout

Schlesien

Ein Waldland ist immer auch ein Pilzland. Besonders trifft dies für Schlesien zu, in dessen Wäldern an lichten, grasbewachsenen Stellen im März und April die Spitzmorchel zu finden ist. Dieser edle Speise- und Gewürzpilz ist in unseren Geschäften fast nur in getrockneter Form erhältlich. In Schlesien zählte er früher zu den feinen Gemüsen und gehört traditionell auch zum Leipziger Allerlei.

500 g gekochtes Kalbfleisch, 1 kleine Zwiebel, 30 g Butter, 500 g Pilze, z. B. Pfifferlinge, Steinpilze, Champignons (frisch oder aus der Dose), Spitzmorcheln (20 g getrocknete entsprechen etwa 200 g frischen oder Dosenpilzen), je 1/8 Liter Fleisch- und Pilzbrühe, 1/2 TL Salz, 1 Prise Pfeffer, 1 TL Basilikum, 1/8 Liter Crème fraîche

Das Kalbfleisch in 1 cm große Würfel schneiden. Die Zwiebel klein würfeln und in der erhitzten Butter goldgelb dünsten. Die Pilze aus der Dose in einem Sieb unter fließendem Wasser abbrausen, abtropfen lassen und zugeben. Verwendet man getrocknete Spitzmorcheln, müssen diese unter kaltem Wasser gründlich gewaschen werden, um den Sand gut zu entfernen. In 1/4 Liter warmem Wasser 1/2 Stunde einweichen. In ein Sieb Küchenkrepp legen und die eingeweichten Pilze abgießen. Die Einweichbrühe aufbewahren. Die Morcheln nochmals gut abspülen. Dann wie die anderen Pilze zu den Zwiebeln geben und mit andünsten. Mit Fleisch- und Pilzbrühe aufgießen, Fleischwürfel und Gewürze zugeben und 5–7 Minuten bei schwacher Hitze garen. Die Crème fraîche zugießen, durchrühren und noch einige Minuten ziehen lassen. Das Ragout abschmecken. Es wird am liebsten zu Semmel- oder Serviettenknödeln gegessen.

Piroggen

Ostpreußen

„Ein kleines Etwas ist besser als ein großes Garnichts“, lautet eine unübertreffliche ostpreußische Lebensweisheit. Mit dieser Maxime läßt sich auch in der Küche vortrefflich arbeiten, wie die lecker gefüllten Piroggen zeigen.

Für den Teig: 250 g Mehl, 125 g Butter, 125 g Margarine, 3 EL sehr kaltes Wasser, Salz.
Für die Füllung: 100 g durchwachsener Speck, 100 g roher Schinken, 100 g Korinthen.
Zum Bestreichen: 1 Eigelb, Milch

Aus Mehl, Fett, Wasser und einer Prise Salz einen weichen Teig kneten. Mehrere Stunden im Kühlschrank ruhen lassen. Für die Füllung Speck und Schinken würfeln, mit den verlesenen und gewaschenen Korinthen vermischen. Den Teig zu einer Rolle formen und in etwa 15 gleich dicke Scheiben schneiden. Die Teigstücke ausrollen, die Füllung portionsweise daraufgeben. Den Teig umklappen und die Ränder fest aneinanderdrücken. Eigelb mit etwas Milch verquirlen und die glatte Seite der Piroggen damit bestreichen. Auf dem Backblech im vorgeheizten Backofen etwa 25–30 Minuten bei 180°C ausbacken. Dazu frische grüne Salate reichen.

Püfferchen

Westfalen

Püfferchen oder Struven, wie man sie auch nennt, werden in Münster und Umgebung am Karfreitag gebacken, sind also ursprünglich eine Fastenspeise gewesen. Daß dieses leckere Hefegebäck etwas mit Fasten zu tun hat, vergißt man freilich leicht, wenn man es erst einmal probiert hat!

250 g Mehl, 15 g Hefe, 30 g Zucker, 1/8 Liter Milch, 80 g Butter, 1 Prise Salz, 2 Eier, 1/2 Zitrone, Butter oder Pflanzenfett zum Backen, Puderzucker zum Bestreuen

Mehl in eine Schüssel sieben. In eine Vertiefung in der Mitte die zerbröselte Hefe zusammen mit dem Zucker und ein wenig erwärmter Milch geben. Mit etwas Mehl verrühren und den Teig an einem warmen Ort zugedeckt 45 Minuten gehen lassen. Dann die restlichen Zutaten hinzufügen, den Teig gut durchkneten, bis er sich leicht von der Schüssel löst. 30 Minuten gehen lassen. Butter oder Pflanzenfett in der Pfanne erhitzen, mit einem Eßlöffel – vorher kurz ins Fett getaucht – Teigportionen in die Pfanne geben und von beiden Seiten goldbraun ausbacken. Mit Puderzucker bestreuen und zum Kaffee servieren. Als leckere Abwechslung kann man auch Rosinen und sehr klein geschnittene Apfelstückchen unter den Teig mischen.

Pumpernickel mit Rumfrüchten

Westfalen

Johann Wolfgang von Goethe wetterte seinerzeit gegen den, wie er fand, abscheulichen Pumpernickel. Wenn er freilich dieses Rezept schon gekannt hätte, vielleicht wären wir dann heute im Besitz einer genießerischen Strophe auf die Kunst westfälischer Köchinnen.

100–125 g Pumpernickel, 1 Tafel Zartbitterschokolade, 5 EL Puderzucker, 1/2 Päckchen Vanillezucker, 10–12 EL Rumfrüchte, 1/4 Liter süße Sahne

Pumpernickelscheiben sehr fein zerbröseln. Schokolade raspeln und im heißen Wasserbad zergehen lassen. Zerbröseltes Brot, Puder- und Vanillezucker und die Rumfrüchte gut miteinander vermischen. Die warme Schokolade darunterziehen. Dann in vier hohe Glasschalen füllen. Sahne steifschlagen und darübergeben. Kalt servieren.

Für die Rumfrüchte nimmt man auf 1 kg Früchte oder Beeren jeweils 500 g Zucker. Die eingelegten Früchte werden stets mit Rum so aufgefüllt, daß die Flüssigkeit daumendick über den Früchten steht. Man beginnt mit Erdbeeren. Mit Zucker vorsichtig mischen, eine Stunde an einem kühlen Ort ziehen lassen. Dann in einen großen Steinguttopf füllen und mit Rum aufgießen. Topf gut verschließen, an einem kühlen, dunklen Ort stehen lassen. Im Sommer dann weitere Füllungen, zum Beispiel Himbeeren, Kirschen (nicht entsteint!), Pfirsichstücke, Mirabellen und Birnenstücke hinzugeben. 3 Wochen nach der letzten Füllung noch einmal 1/2 Liter Rum hinzugießen und gut verschlossen stehen lassen. Im Dezember dann können die ersten Rumfrüchte probiert werden.

Quarkkeulchen

Sachsen

Man findet dieses leckere Gebäck auch unter der Bezeichnung Käsekeilchen. Sie lassen sich statt mit süßen Zutaten auch herzhaft abschmecken und sind dann eine leckere Beilage zu gebratenem Geflügel oder Geflügelfrikassee. Und schließlich kann man sie mit Schinkenwürfeln füllen. Das sind aber nur die bekanntesten Variationen, so daß Ihrer Kreativität noch viele Möglichkeiten offenstehen.

500 g mehlig kochende Kartoffeln,
250 g Magerquark, 1 Ei, 50–75 g Mehl,
1 Prise Salz, 50 g Zucker, 1/2 TL Zimt,
1 Prise Muskat, abgeriebene Schale von einer Zitrone, 100 g Korinthen, 100 g Butter,
Zucker zum Bestreuen

Kartoffeln am Tag zuvor kochen, schälen und reiben. Den trockenen Quark, Ei, 50 g Mehl, Salz, Zucker, die Gewürze und die Zitronenschale mit den Kartoffeln verrühren. Die Korinthen mit heißem Wasser übergießen, quellen und dann abtropfen lassen, abtrocknen und unter den Teig arbeiten. Wenn er noch klebt, das restliche Mehl zugeben. Mit einem Löffel Portionen abstechen und diese zu ovalen Keulchen formen. In einer großen Pfanne die Butter erhitzen und die Keulchen von allen Seiten goldbraun backen. Noch heiß mit Zucker bestreuen und gleich mit Apfelmus oder zu einer Tasse Kaffee servieren.

Quer durch den Garten

Hessen

Wer bislang ein Suppenverächter war, wird es nach dem Genuß dieser köstlichen hessischen Gemüsesuppe bestimmt nicht mehr sein! Der Baron Vaerst, ein Kenner der deutschen Regionalküchen, wird wohl auch an diese Suppe gedacht haben, als er 1851 in seiner „Lehre von den Freuden der Tafel“ gegen die unbelehrbaren Suppengegner schrieb: „Unsere Vorfahren, die stärker waren als wir, genossen viel Suppen, und die Bauern, die es noch sind, genießen noch viel Suppen.“ Das Sprichwort „Wer lange suppt, lebt lange“ ist so wahr wie irgendeines.

750 g Beinfleisch vom Rind in Scheiben, 3 Suppenknochen, 1 Stange Lauch, 4 Karotten, 2 Zwiebeln, 1 Kohlrabi, 1/2 Blumenkohl, 80 g durchwachsener Speck, 2 Tomaten, Salz, Pfeffer, 1 Bund Petersilie

Beinfleisch und Knochen waschen, in 2 Liter Wasser aufkochen lassen, abschäumen und 1 1/2–2 Stunden auf kleiner Flamme garen. Fleisch herausnehmen und warmstellen. Gemüse putzen, waschen und in Stücke schneiden. Den Speck auslassen, bis er glasig ist. Das kleingeschnittene Gemüse hinzufügen und kurz anschmoren. Mit der abgeseihten Fleischbrühe aufgießen. 20–30 Minuten köcheln lassen. Die Tomaten abbrühen, abziehen und 10 Minuten vor Ende der Kochzeit in die Brühe geben. Das warmgestellte Beinfleisch würfeln und in die Suppe geben. Mit Salz und Pfeffer abschmecken. Mit reichlich gehackter Petersilie bestreut servieren.

Rehkeule

Pfalz

In der waldreichen Pfalz gehören Wildgerichte seit altersher zu den kulinarischen Höhepunkten. Die Zubereitung freilich ist in der Regel einfach, und alle Zutaten stammen aus der heimatlichen Umgebung. So liebte es schon Liselotte von der Pfalz, die mit dem Bruder Ludwigs XIV. verheiratet war und ihre geliebte deutsche Küche auch am französischen Hof „in Mode brachte". 1718 schrieb sie: „Ich habe hier auch den rohen Schinken in Mode gebracht, Salat mit Speck, braunen Kohl, auch Wildbret, das man hier schier gar nicht ißt, das habe ich alles à la mode gebracht."

1–1,2 kg Rehkeule, Salz, Pfeffer, 6–8 Wacholderbeeren, Thymian, Majoran, Rosmarin, 1 Lorbeerblatt, 100 g Bauchspeck, 2 Zwiebeln, etwas Fett, 1/4 Liter trockener Rotwein, 1 EL Speisestärke, 1/8 Liter Crème fraîche

Rehkeule häuten, abwaschen und mit Küchenkrepp trockentupfen. Mit Salz, Pfeffer, den zerdrückten Wacholderbeeren und den gerebelten Gewürzen rundum einreiben. Speck in sehr dünne Scheiben schneiden und damit die Keule umwickeln. Fleisch mit den gewürfelten Zwiebeln in einen gefetteten Bräter geben, im Backofen bei 180°C garen, ab und zu etwas Wasser angießen. Nach einer Stunde den Speck entfernen und den Braten noch 20–30 Minuten bräunen lassen. Den Braten herausnehmen und warmstellen. Bratenfond mit dem Rotwein ablöschen und mit der Speisestärke binden. Die Crème fraîche unterziehen und nochmals mit Salz und Pfeffer abschmecken. Dazu Kartoffelklöße reichen und einen kräftigen Pfälzer Rotwein servieren.

Rehrücken Baden-Baden

Baden

2 EL Öl, Rehknochen, 1 Zwiebel, 1 Karotte, 6 Wacholderbeeren, 10 Pfefferkörner, je 1 Prise Thymian und Rosmarin, 1/2 TL Salz, 1 Messerspitze Pfeffer, 1/4 Liter Rotwein, 1/2 EL Tomatenmark. 1 Rehrücken (ca. 1,5 kg), 6 Wacholderbeeren, je 1 Prise Salz und Pfeffer, 150 g Speck in dünnen Scheiben, 30 g Butterschmalz, 1/8 Liter Crème fraîche, Birnenhälften, 1/2 Liter Zuckerwasser, Preiselbeerkonfitüre

Öl erhitzen und die Knochen stark anbraten. Zwiebel und Karotte kleinschneiden, mit den Gewürzen zugeben und mit anbraten. Mit Rotwein ablöschen, das Tomatenmark unterrühren, etwa 30 Minuten bei geringer Hitze kochen lassen und dann durchsieben. Den Rehrücken enthäuten, mit zerdrückten Wacholderbeeren, Salz und Pfeffer einreiben. Die Fleischseite mit den Speckscheiben belegen. Backofen auf 250°C vorheizen, Fett in der Bratenpfanne erhitzen und den Rehrükken hineinlegen. Die Hitze nach einigen Minuten etwas reduzieren und 20–30 Minuten braten. Mehrmals mit Bratenfett begießen. Das Fleisch soll innen noch rosig sein. Den Rehrücken mit Aluminiumfolie umwickeln und im geöffneten, abgeschalteten Ofen 10 Minuten ruhen lassen. Danach Speck entfernen, das Fleisch vom Knochen lösen und schräg in dicke Scheiben schneiden, wieder auf den Knochen zurücklegen. Die Soße erhitzen, Crème fraîche unterrühren und abschmecken. Die geschälten, vom Kernhaus befreiten Birnenhälften in Zuckerwasser halbweich kochen, mit Preiselbeerkonfitüre füllen und um den Rehrücken anrichten. Dazu gehören Spätzle und ein badischer Rotwein.

Reibekuchen

Rheinland

Kartoffelpfannkuchen oder Kartoffelpuffer werden wohl überall in deutschen Landen gegessen, aber aus der rheinischen Küche sind die „Rievkooke“ wahrlich kaum wegzudenken, diese etwa handtellergroßen, knusprigen, zu den Rändern hin ausgefransten goldgelben Gebilde. Da sie frisch gebraten am besten schmecken, steht die Hausfrau gewöhnlich am Herd vor ein oder zwei bruzzelnden großen Pfannen, während die übrige Familie am Tisch eine Platte um die andere leert, ehe die Reibekuchen weich und lappig werden.

1 kg mehlig kochende Kartoffeln, 1 Zwiebel, 2 Eier, 2 TL Salz, Fett zum Backen. Zur Abwechslung: 100 g durchwachsener Räucherspeck

Die rohen Kartoffeln schälen, waschen und reiben. Einige Minuten stehen lassen und die Flüssigkeit in ein Schälchen gießen. Die Zwiebel reiben und mit den Eiern und Salz in die Kartoffelmasse rühren. Das Kartoffelwasser bis auf die abgesetzte Stärke weggießen und diese unter die Masse mengen. Etwas Fett in der Bratpfanne erhitzen, für jeden Reibekuchen einen Löffel Teig hineingeben und flachstreichen. Von beiden Seiten knusprig goldbraun backen und sofort servieren mit Apfelmus, Rüben- oder Apfelkraut (streichfähig eingedickter, schwärzlicher Sirup), Kaffee, grünem Salat oder einem gebutterten Schwarzbrot. Auch Matjesheringe werden dazu geschätzt.

Die Reibekuchen werden etwas gehaltvoller, wenn man kleingewürfelten Räucherspeck in den Kartoffelteig mit hineingibt.

Rheinischer Sauerbraten

Rheinland

Aus den verschiedenen Sauerbraten hebt sich der rheinische durch seine süßsaure Soße hervor – und mancher schätzt ihn besonders mit Pferdefleisch.

1/2 Liter Wasser, 1/4 Liter Rotweinessig, 2 Zwiebeln, 1 Stück Sellerie, 1 Karotte, 10 Pfefferkörner, 5 Wacholderbeeren, 2 Gewürznelken, 1 Lorbeerblatt, 1 kg Rindfleisch, 1 TL Salz, 1/2 TL Pfeffer, 100 g Fett, 3 EL Rosinen, 50 g Soßenlebkuchen, 2 TL Rübensirup, 1 EL Mandelstifte

Eine Marinade aus Wasser, Essig, kleingewürfelten Zwiebeln, feingeschnittener Sellerie und Karotte und den Gewürzen aufkochen und abkühlen lassen. Das Fleisch mit der Marinade übergießen, zugedeckt 3 Tage kühlstellen und täglich wenden. Dann die Marinade durch ein Sieb gießen, Fleisch abtrocknen, mit Salz und Pfeffer einreiben und im erhitzten Fett ringsum gut anbraten. Die abgetropfte Gemüsemischung kurz mit anbraten und dann die Hälfte der wieder heiß gemachten Marinade angießen. Zugedeckt ca. 2 Stunden bei mittlerer Hitze schmoren. Die Rosinen in etwas Wasser einweichen. Den Braten herausnehmen und warmhalten. Den Bratenfond mit der restlichen Marinade loskochen, Lebkuchen fein zerkrümeln und mit dem Sirup unterrühren. Die Soße aufkochen und in 5 Minuten bei kleiner Hitze etwas eindicken lassen. Durchsieben, die abgetropften Rosinen und die Mandeln zugeben und nochmals 5 Minuten köcheln lassen, mit Salz abschmekken. Einen Teil der Soße über den in Scheiben geschnittenen Sauerbraten gießen, den Rest getrennt reichen. Dazu gehören Apfelmus und Kartoffelklöße oder Nudeln.

Rindfleisch mit Pflaumen

Mecklenburg

Für Mecklenburger gilt das alte Sprichwort: „Rauhe Schale, weicher Kern." In einer alten Chronik aus dem 16. Jahrhundert heißt es treffend über diesen Menschenschlag: „Ein verschwiegen Volk, das die Lügen und Schmeichelwort haßt, bittet gern Gäst und geht gern zu Gast."

350 g Backpflaumen, 1 kg durchwachsenes, nicht zu fettes Rindfleisch, Salz, 200 g Suppengemüse (Lauch, Karotte, Sellerie), 6 Pimentkörner, 2 Lorbeerblätter, 1 Zwiebel.
Für die Soße: 40 g Butter, 2 Zwiebeln, 30 g Mehl, 1/2 Liter Brühe, Pfeffer, Petersilie

Am Vortag die Pflaumen in 1 Liter Wasser einweichen. Rindfleisch, Suppengemüse, Gewürze und Zwiebel in 2 Liter leicht gesalzenes Wasser geben, aufkochen, abschäumen und auf kleiner Flamme 70–80 Minuten köcheln lassen. Suppengemüse herausnehmen. Backpflaumen mit dem Einweichwasser in die Brühe geben und 15–20 Minuten mitkochen.

Für die Soße die Butter zerlassen, die feingewürfelten Zwiebeln darin anschwitzen und das Mehl unterrühren, bis es hellgelb ist. Nach und nach die heiße Brühe unter Rühren zugießen, 10 Minuten kochen, abschmecken und reichlich Petersilie hinzufügen. Rindfleisch aus der Brühe nehmen, in dicke Scheiben schneiden und auf einer vorgewärmten Platte anrichten. Mit der Soße übergießen und ringsum die Pflaumen legen. Dazu Salzkartoffeln reichen.

Rote Grütze

Friesland

Eine typisch friesische Süßspeise, von der man sagt, daß sie schöne Mädchen noch schöner mache.

*250 g Johannisbeeren, 250 g Himbeeren,
1 Glas Weißwein, 100 g Zucker,
60–70 g Stärkemehl*

Die entstielten Johannisbeeren und die Himbeeren waschen und in 1/2 Liter Wasser 3–5 Minuten aufkochen. Den Beerenbrei durch ein Haarsieb oder ein feines Leinentuch drücken. Den aufgefangenen Saft mit dem Wein auffüllen und zusammen mit dem Zucker kurz aufkochen. Stärkemehl in kaltem Wasser anrühren, in den Saft gießen und alles 2 Minuten aufkochen. Dann in eine mit kaltem Wasser ausgespülte Schüssel geben und längere Zeit kühlstellen. Nach dem Erkalten auf eine Servierplatte stürzen und mit Vanillesoße oder Schlagsahne auf den Tisch bringen. Je nach Jahres- und Erntezeit können Sie auch andere Früchtemischungen probieren, zum Beispiel Johannisbeeren und Kirschen, Stachelbeeren und Erdbeeren oder nur eine Sorte Beeren. Wenn Sie nur Erdbeeren nehmen, geben Sie auch ein paar Früchte unter die Grütze – es sieht nicht nur besser aus, es schmeckt auch besser.

Schäufele im Brotteig

Baden

Unter dem Schäufele versteht man im Badischen das Schulterstück des Schweins (oder auch des Rehs), und wenn Sie es noch nicht entbeint vom Metzger bekommen, sehen Sie auch, daß der Knochen mit seiner eigenartigen Form dem Schäufele seinen Namen gegeben hat. Leicht angeräuchert und gepökelt wird es zu einem Leckerbissen besonderer Art. Sollte der Brotteig übrigens beim Aufschneiden vom Fleisch abfallen, ist dies allenfalls ein kleiner Schönheitsfehler. Reichen Sie ihn in passenden Stücken als Beilage zum Fleisch.

2 Liter Salzwasser, Suppengemüse (z. B. Karotten, Lauch, Sellerie, Petersilienwurzel), 2 Lorbeerblätter, 10 Pfefferkörner, 4 Wacholderbeeren, 1 Zwiebel, 5 Nelken, 1 1/2 kg Schäufele, 2 EL Senf, frische oder getrocknete Kräuter (z. B. Petersilie, Schnittlauch, Thymian, Majoran), 250 g Bratwurstbrät, 500 g Brotteig nach Rezept S. 40 oder vom Bäcker

Salzwasser mit zerkleinertem Suppengemüse, Gewürzen und der mit Nelken gespickten halbierten Zwiebel zum Kochen bringen. Das Schäufele hineinlegen und 30 Minuten zugedeckt ziehen lassen. Herausnehmen, abtrocknen und abkühlen lassen. Senf mit den kleingehackten Kräutern mischen und das Fleisch damit einreiben, darüber das Bratwurstbrät streichen. Den Teig ausrollen, das Fleisch in die Mitte legen, einschlagen und auf ein gemehltes Backblech setzen. Im Backofen bei 220°C auf der unteren Schiene ca. 50 Minuten backen. Vorsichtig in Scheiben schneiden. Warm zu Sauerkraut oder Kartoffelsalat oder kalt als Vesper servieren.

Schlesisches Himmelreich

Schlesien

Jeder alte Schlesier mag sich wie im Himmel fühlen, wenn dieses Gemisch aus Süßem und Herzhaftem auf den Tisch kommt. Es ist wohl immer noch eines der beliebtesten Gerichte in Schlesien und über seine Grenzen hinaus schon lange eines seiner bekanntesten.

400 g Backobst, 3/4 Liter Wasser,
500 g geräucherter Schweinebauch, Salz,
1 Stange Zimt, 1 EL Zucker,
1 unbehandelte Zitrone, 1 EL Speisestärke

Backobst waschen und über Nacht in kaltem Wasser einweichen. Am nächsten Tag Schweinebauch in kaltem Salzwasser aufsetzen, aufkochen und bei geringer Hitze in 30 Minuten halbweich kochen. Backobst im Einweichwasser mit Zimt, Zucker und dünn abgeschälter Zitronenschale zum Kochen bringen. Das Fleisch einlegen und alles zusammen in ca. 30 Minuten weichkochen. Fleisch herausnehmen, abtropfen lassen und, nachdem man die Schwarte entfernt hat, in Scheiben schneiden. Zimtstange und Zitronenschale herausnehmen. Speisestärke mit etwas Wasser anrühren, zum Backobst geben und aufkochen lassen. Mit Zitronensaft und Salz abschmecken. Das Backobst in einer Schüssel anrichten und die Schweinebauchscheiben darauflegen. Zum schlesischen Himmelreich gehören Semmel-, Hefe- oder Kartoffelklöße.

Schneckensuppe

Baden

Schon die Römer schätzten die Weinbergschnecken als Delikatesse und kamen auf die Idee, sie in Schneckengärten heranzuziehen. Eine Schneckensuppe galt früher einmal als Heilmittel gegen Lungen- und andere Brustkrankheiten, und die aus dem Wein- und Feinschmeckerland Baden ist für alle Zeiten ein Genuß.

1 Zwiebel, 1 Karotte, 1/2 Stange Lauch, 1/4 Liter Fleischbrühe, 1/4 Liter trockener badischer Weißwein, 24 Schnecken (Dose), 1 Knoblauchzehe, 30 g Butter, 1/2 TL Basilikum, je 1 Prise Salz, Pfeffer und Muskat, 2 Eigelb, 1/8 Liter Crème fraîche, 1 EL gehackte frische Kräuter (z. B. Petersilie, Kerbel, Zitronenmelisse)

Die Zwiebel feinhacken (die Hälfte beiseite stellen), Karotte und Lauch in sehr feine, kurze Streifen schneiden. Fleischbrühe und Weißwein in einen Topf gießen, das Gemüse zugeben und 10 Minuten kochen lassen. Die Schnecken aus der Dose nehmen, abtropfen lassen und die Dosenflüssigkeit zur Brühe gießen. Die Schnecken feinschneiden, mit der feingehackten Knoblauchzehe und der restlichen Zwiebel in der erhitzten Butter andünsten. Alles zur Brühe geben und 10 Minuten bei schwacher Hitze ziehen lassen. Die Suppe mit Basilikum, Salz, Pfeffer und Muskat würzen. Den Topf von der Herdplatte nehmen, Eigelb mit Crème fraîche verquirlen, in die Suppe rühren und nochmals vorsichtig erhitzen, aber nicht mehr kochen lassen. In vorgewärmten Suppentassen anrichten, mit frischen Kräutern bestreuen und mit Weißbrot und trockenem badischem Wein sofort servieren.

Schusterpastete

Ostpreußen

Viele, noch heute beliebte Gerichte sind entstanden, als die Hausfrau vor der Frage stand: Was mache ich mit den Resten vom Feiertagsbraten? Denn im Gegensatz zu heute wurde früher praktisch nichts weggeworfen.

2 Heringe, 500 g festkochende Kartoffeln, Salz, 75 g Butter, 1 Zwiebel, Pfeffer, 200 g Bratenreste, Butter zum Einfetten, 1/8 Liter saure Sahne, einige Butterflöckchen, Petersilie

Heringe 2 Stunden wässern, entgräten und in kleine Stücke schneiden. Kartoffeln in Salzwasser weichkochen, noch warm abpellen und abkühlen lassen. In kleine Scheiben schneiden. Butter zerlassen, Zwiebel feinhakken und zusammen mit den Kartoffeln anrösten, mit Salz und Pfeffer abschmecken. Kartoffeln, Heringsstücke und klein gewürfeltes Fleisch in einer gut ausgebutterten Auflaufform schichten, mit der sauren Sahne begießen und obenauf mit Butterflöckchen versehen. Bei 200–220°C 20 Minuten im vorgeheizten Backofen überbacken. Mit Petersilie bestreut servieren. Dazu frischen grünen Salat und ein kühles Bier servieren.

Schwärtelbraten

Bayern

Schweinefleisch liebt der Bayer vor allem als Gselchtes (geräuchert und gepökelt) oder in Form eines Schwärtelbratens mit den rautenförmig eingeritzten Kruspeln.

1 kg Schweinefleisch mit Schwarte (Schulter, Hals, Rippe), 8 Nelken, 1 Zwiebel, 2 Lorbeerblätter, 1 Knoblauchzehe, je 1/2 EL Honig, Senf und Tomatenmark, je 1/2 TL Salz, Pfeffer und Zucker, 1/8 Liter Weizenbier, ca. 1/2 Liter Salzwasser

Mit einem scharfen Messer die Schwarte rautenförmig bis fast auf das Fleisch einschneiden. Die Nelken in gleichmäßigen Abständen an den Schnittpunkten hineinstecken. Das Fleisch mit der Schwarte nach oben in einen Bräter legen. Die geviertelte Zwiebel und die Lorbeerblätter zugeben. Die Knoblauchzehe zerdrücken, mit Honig, Senf, Tomatenmark, Gewürzen und etwas Bier verrühren. Mit einem Teil dieser dicklichen Soße den Braten bestreichen, die Hälfte des kochenden Salzwassers angießen und alles in den auf 180°C vorgeheizten Backofen stellen. Ab und zu mit der restlichen Soße bestreichen. Nach 1 Stunde die Backofenhitze auf 220°C erhöhen und noch etwa 1/2 Stunde weiterbraten. Den Bratenfond mit dem restlichen kochenden Salzwasser ergänzen und das Fleisch immer wieder mit Bratensaft übergießen. Damit die Kruste schön knusprig wird, in weiteren 10 Minuten Bratzeit mehrmals mit dem restlichen Bier bepinseln.

Eventuell den Backofen noch einige Minuten auf 250°C schalten oder, falls vorhanden, den Grill noch kurz einschalten. Den Braten herausnehmen, vor dem Aufschneiden etwas ruhen lassen und inzwischen den Bratenfond mit etwas Wasser aufkochen, durch ein Sieb gießen, abschmecken und zu Semmelknödeln, Kartoffelsalat oder Sauerkraut reichen.

Schwarzwälder Kirschtorte

Baden

Im Schwarzwald ist es fast eine Frage der Weltanschauung, ob die Kirschtorte zwei oder drei Kuchenlagen haben soll. Aber darin, daß Kirschwasser hineingehört, sind sich alle einig.

Boden: 6 Eier, 125 g Margarine, 125 g Zucker, 1 Prise Salz, 3 EL Kirschwasser, 2 EL Wasser, 125 g Mehl, 1/2 Päckchen Backpulver, 1/2 TL Zimt, 125 g abgezogene, gemahlene Mandeln, 125 g geriebene Mokka- oder Zartbitterschokolade, 3 EL Kirschwasser.
Füllung: 500 g entsteinte Sauerkirschen, 2 EL Zucker, 2 EL Kirschwasser, 1/2 Liter Schlagsahne, 1 Päckchen Vanillezucker, evtl. Sahnefestiger.
Zum Bestreuen: 50 g Schokoladenspäne

Eigelb, Margarine, Zucker, Salz, Kirschwasser und Wasser schaumig rühren. Mehl, Backpulver, Zimt, Mandeln, Schokolade mischen und abwechselnd mit dem steifgeschlagenen Eiweiß unter die Eigelbmasse heben. In eine mit Backpapier ausgelegte Springform füllen und bei 175°C ca. 45 Minuten backen. Den abgekühlten Boden in drei flache Lagen teilen und mit je einem Eßlöffel Kirschwasser befeuchten. Die Sauerkirschen mit Zucker bestreuen, mit Kirschwasser begießen und 1 Stunde stehen lassen. Die Sahne mit Vanillezucker und evtl. Sahnefestiger sehr steif schlagen. Auf den untersten Boden die Hälfte der Kirschen verteilen, ein Drittel der Sahne darüberstreichen und den zweiten Boden auflegen. Eine weitere Schicht Kirschen und Sahne darübergeben und mit dem dritten Boden abdecken. Die ganze Torte mit der restlichen Sahne überziehen und mit Schokoladenspänen bestreuen. Die Torte 2 Stunden kaltstellen.

Semmelknödel

Bayern

Bayernland ist Knödelland, und man hat schon Bayern sagen hören, Kartoffeln mögen sie nur, wenn sie durch den Magen der Sau gegangen seien und etwa als Schweinshaxn auf den Tisch kämen. Und zu der passen natürlich als Beilage hervorragend die Semmel- oder die Speckknödel.

10 altbackene Brötchen, Salz, 1/4 Liter Milch, 1 EL Butter, 1 Zwiebel, 2 EL gehackte Petersilie, 3–4 Eier, evtl. 1 Messerspitze Muskat oder Majoran, evtl. Semmelbrösel

Die Brötchen in feine Scheiben schneiden, in eine große Schüssel geben, salzen und mit der lauwarmen Milch übergießen. Zugedeckt ca. 45 Minuten stehen lassen. Die Butter erhitzen, die feingeschnittene Zwiebel und Petersilie darin andünsten und zu den Brötchen geben. Die Eier verquirlen (nach Belieben mit Muskat oder Majoran würzen) und alles zusammen zu einem Teig verkneten. Salzwasser zum Kochen bringen. Mit feuchten Händen einen kleinen Probeknödel formen, diesen ins Wasser geben. Es sollte vom Teig nichts abkochen, sonst kann er mit Semmelbröseln etwas fester gemacht werden. Etwa 8 Knödel formen und ins kochende Wasser einlegen, bei geringer Hitze etwa 20 Minuten ziehen lassen. Wenn die Knödel leicht nach oben steigen, sind sie fertig und werden mit einem Schaumlöffel herausgenommen.

Speckknödel-Variante: 300 g durchwachsenen Speck würfeln und darin die Zwiebel und Petersilie andünsten statt in der Butter.

Speckpfannkuchen

Westfalen

„Reicher Leut's Krankheit und armer Leut's Pfannkuchen kann man weit riechen", heißt ein westfälisches Sprichwort. Was aber nicht bedeutet, daß der Westfale sie nicht mag, die „Pannkauken". Ganz im Gegenteil – Pfannkuchen, ob süß oder herzhaft, gehören zu seinen Lieblingsgerichten.

250 g Mehl, 2 Eier, 1/2 Liter Milch, Salz, 150 g durchwachsener Speck, Bratfett oder Schmalz

Mehl in eine Schüssel sieben, in die Mitte eine kleine Vertiefung eindrücken. Eier und etwas Milch miteinander verrühren, in die Vertiefung geben und mit dem Mehl vermengen. Nach und nach die restliche Milch hinzufügen, mit Salz abschmecken und einen flüssigen Teig anrühren. Es dürfen keine Klümpchen entstehen. Den Speck in hauchdünne Scheibchen schneiden. Fett oder Schmalz in der Pfanne zerlassen, 4–5 Speckscheiben anbraten, Teig darübergießen und den Pfannkuchen von beiden Seiten goldbraun braten. Wer mag, kann auch feingehackten frischen Schnittlauch unter den Teig mischen. Dazu grünen Salat reichen.

Springerle

Schwaben

Die einen sagen, von den häufig als Motiv für die Model verwendeten Reitersleuten, den Springern, haben sie ihren Namen, andere verweisen darauf, daß beim Backen die trokkene geprägte Oberfläche hochgeht, springt, und dann auf Füßchen aus luftigem Teig steht. Jedenfalls legt jede Hausfrau mit formvollendeten Springerle überall Ehre ein.

4 Eier, 500 g Zucker, 500 g Mehl, 1 Messerspitze Hirschhornsalz, abgeriebene Schale einer halben Zitrone, 1–2 EL Mehl, Zuckerwasser, Butter für das Blech, 1 EL Anis

Eier und Zucker gut schaumig rühren, das Mehl sieben, nach und nach zusammen mit dem Hirschhornsalz und der abgeriebenen Zitronenschale unterrühren. Zu einem geschmeidigen Teig verarbeiten. Mit einem Tuch bedecken und 1 Stunde kaltstellen. Den Teig ca. 1/2 cm dick ausrollen. In ein kleines Leinentuch Mehl binden, die Springerlesmodel damit auspudern und mit den Modeln den Teig bedrucken. Die Bilder mit einem Messer ausschneiden und über Nacht ruhen lassen. Die Oberfläche muß gut abgetrocknet sein. Die Unterseite an den Kanten mit Zuckerwasser befeuchten und auf ein gefettetes, mit Anis bestreutes Blech setzen. Im Backofen bei 160° C etwa 30 Minuten backen. Die Springerle müssen an der Oberfläche schön weiß bleiben – eventuell mit Pergamentpapier abdecken. Die Füßchen sollen gleichmäßig hoch und die Unterseite goldgelb sein. Ein Trick: In den ersten 20 Minuten Backzeit die Backofentür ein wenig offen lassen und dann erst ganz schließen. Von den Springerle das Mehl abbürsten und sie vor dem Verzehr etwa 3 Wochen in einer geschlossenen Blechdose aufbewahren.

Sülze

Niedersachsen

In Niedersachsen gehört die Zubereitung von Sülze zu den gepflegten kulinarischen Traditionen. Sülze hatte für die kinderreichen Familien früher einen großen Vorteil: Sie machte alle satt und ließ sich außerdem recht lange aufbewahren.

2 Zwiebeln, 2 Lorbeerblätter, 4 Nelken, 5 schwarze Pfefferkörner, 1 EL Salz, Majoran, 1/2 Bund Suppengrün, 250 g Kalbfleisch, 250 g Schweinefleisch, 1/8 Liter Weinessig, Zucker, 1 Packung Gelatine, Petersilie, Cornichons

Zwiebeln schälen, vierteln und mit den Gewürzen und dem Suppengrün in einem Liter Wasser aufkochen. Das Fleisch hinzugeben, auf kleiner Flamme 1 1/2 Stunden kochen. Aus der Brühe nehmen und abkühlen lassen. Das Fleisch in kleine Würfel schneiden. Die Brühe durch ein Sieb gießen. 3/8 Liter Brühe mit Essig, Salz und einer Prise Zucker gut verrühren. Die Gelatine nach Vorschrift anrühren. Die übrige Brühe aufkochen und unter Rühren die Gelatine dazugeben. Beide Brühen zusammengeben, dann die kleinen Fleischwürfelchen hinzufügen. Anschließend in kalt ausgespülte Förmchen oder kleine Tassen füllen und in den Kühlschrank stellen. Wenn die Sülze fest geworden ist, vorsichtig vom Rand her lösen und auf eine Servierplatte stürzen. Mit reichlich gehackter Petersilie und Cornichons garniert servieren.

Thüringer Rostbratwurst im Schlafrock

Thüringen

Kalbfleisch und durchwachsenes Schweinefleisch gehören in die Thüringer Bratwurst, pikant gewürzt durch allerlei Kräuter. Nicht in der Pfanne, sondern auf dem Rost über der Holzkohlenglut wird sie im allgemeinen gebraten. Dazu gibt's Sauerkraut oder, am Jahrmarktstand, ein aufgeschnittenes Brötchen, in das sie gelegt wird. Wir schlagen Ihnen vor, sie Ihren Gästen in einem Schlafrock zu präsentieren.

1 Paket tiefgefrorener Blätterteig (300 g), 4 Rostbratwürste, evtl. 30 g Bratfett, 1 EL Senf, 1 Ei

Den Blätterteig auftauen lassen, zu einem Viereck ausrollen und in vier Teile schneiden. Die Rostbratwürste grillen oder in heißem Fett kräftig braun braten. Die etwas abgekühlten Würste auf die Teigstücke legen, mit Senf bestreichen und einwickeln. Alle Kanten gut zudrücken. Mit verquirltem Ei bestreichen, aber nicht die Schnittkanten, da der Teig sonst nicht aufgeht. Ein Backblech mit kaltem Wasser abspülen, die Wurstrollen darauflegen und im Backofen bei etwa 225°C 10–15 Minuten backen. Sehr heiß zu Salat, Kartoffelsalat oder auch Leipziger Allerlei servieren.

Gebratene Tollatschen

Pommern

Im Herbst, zur Zeit der Schlachtfeste, gibt es in Pommern die heißgeliebten Tollatschen. Früher war das ein Schmaus, bei dem man das ganze Dorf traf – vom Gutsherrn bis zum Gänsehirten. Zu den Tollatschen gab es süße Blutwurst, und beide wurden heiß zur Wurstsuppe gegessen.

250 g Mehl, 75 g Semmelbrösel, 100 g Zucker, 40 g Korinthen, 40 g Rosinen, je eine Prise Zimt, Anis, Kardamom, Thymian, 1/2 Zitrone, Salz, 1/8 Liter Rotwein, 50 g Griebenschmalz, 1 TL Essig, 2 Liter Fleischbrühe, 2 EL Schmalz, eventuell 4 Äpfel

Mehl, Semmelbrösel und Zucker mischen. Die gewaschenen, gut abgetrockneten Korinthen und Rosinen hinzufügen. Ebenso die Gewürze, die fein abgeriebene Zitronenschale und eine Prise Salz. Rotwein, weiches Griebenschmalz und Essig mit der Mischung zu einem festen Teig kneten. Daraus kleine Klöße formen und in der heißen Fleischbrühe 15–20 Minuten auf kleiner Flamme garen. Klöße herausnehmen und abkühlen lassen. In fingerdicke Scheiben schneiden und von beiden Seiten im Schmalz kurz braten. Wer mag, kann zu den Kloßscheiben noch Apfelscheiben mitbraten und zu den Tollatschen servieren.

Töttchen

Westfalen

Bei diesem Gericht haben wir die Fleischzutaten so eingesetzt, wie es früher üblich war. Man sieht – die Westfalen brauchen nicht unbedingt in die Fleischtöpfe anderer Volksstämme zu schauen. Allzu große Neugier liegt ihnen sowieso nicht, und der heimische Herd ist ihnen allemal lieber als kulinarische Exotik.

Für 4–6 Personen:
500 g Kalbskopf, 500 g Kalbslunge, 500 g Kalbsherz, 2 Stangen Lauch, 8 Liter Salzwasser, 2–3 Zwiebeln, 2 Lorbeerblätter, 5 schwarze Pfefferkörner, 2 Nelken, 2 Bund Suppengemüse, 2 Zwiebeln, 60 g Butter, 40 g Mehl, 1/2–3/4 Liter Kalbsbrühe, Pfeffer, 1 Prise Zucker, 2 TL Essig, 1 cl trockener Sherry

Fleisch waschen und abtropfen lassen. Lauch putzen, waschen, in kleine Stücke schneiden und mit dem Fleisch in das kochende Salzwasser geben. Zusammen mit den grob gewürfelten Zwiebeln, den Gewürzen und dem Suppengemüse 2 Stunden kochen. Fleisch herausnehmen, vom Knochen lösen, in Stükke schneiden und warmstellen. Die Zwiebeln fein würfeln, in der Butter dünsten, mit Mehl bestreuen und mit der abgeseihten Kalbsbrühe ablöschen. Dabei mit dem Schneebesen gut umrühren, damit keine Klümpchen entstehen. Etwa 5 Minuten köcheln lassen, dann die Fleischstücke hinzufügen, noch weitere 5 Minuten köcheln lassen, dann mit Pfeffer, Zucker, Essig und Sherry abschmecken. Dazu Petersilienkartoffeln reichen. Scharfen Senf und ein kräftiges Altbier nicht vergessen.

Waffeln

Friesland

Frische, noch heiße Waffeln sind im Norden Deutschlands eine begehrte Leckerei zum nachmittäglichen Kaffee. Und auf jedem Jahrmarkt, hier Messe genannt, kommt kein Vater daran vorbei, seinen Kindern neben gebrannten Mandeln auch ein paar Waffeln, reichlich mit Puderzucker bestreut, zu spendieren.

200 g Butter, 200 g Zucker, 4 Eier, 350 g Mehl, 1/2 Päckchen Backpulver, 1 EL Rum, 1/2 Päckchen Vanillezucker, 1/8 Liter Wasser, Margarine zum Einfetten

Butter, Zucker und Eier schaumig rühren, nach und nach die restlichen Zutaten hinzufügen und zu einem dickflüssigen Teig rühren. Das Waffeleisen mit der Margarine einfetten. Wenn das Eisen heiß ist, eine Portion Teig hineingeben und goldbraun backen. Mit Puderzucker bestreut oder mit Konfitüre bestrichen – dies ist eine Köstlichkeit, der wohl kaum jemand widerstehen kann.

Weincreme

Pfalz

Pfälzer lieben eine reiche und ausgedehnte Mahlzeit, mit allem Drum und Dran, und natürlich darf dabei eine leckere Nachspeise nicht fehlen. Das alte Sprichwort „Wer Gastfreundschaft übt, bewirtet gleichsam Gott selbst“ haben die Pfälzer für sich übersetzt: „Wir loben Dich, Herr, mit Essen und Trinken, mit Hoorische Knepp, Saumagen, Worscht, Weck und Wein.“

5 Eigelb, 100 g Zucker, 1/4 Liter trockener Weißwein, 4 TL Speisestärke, 1/2 Zitrone, 5 Eiweiß.
Für die Garnierung: Krokant oder Schokoladensplitter

Eigelb, Zucker, Wein, Speisestärke, Zitronensaft und die sehr fein abgeriebene Zitronenschale miteinander verquirlen und unter beständigem Rühren langsam erwärmen. Nicht aufkochen lassen. Die dicklich gewordene Masse unter weiterem Rühren im kalten Wasserbad abkühlen lassen. Eiweiß zu steifem Schnee schlagen und behutsam unter die erkaltete Creme ziehen. In vier Portionsgläser füllen und mit Krokant oder Schokoladensplittern garnieren. Kalt servieren. Dazu Löffelbiskuits reichen.

Wildschweinbraten

Rheinland

In den waldreichen Mittelgebirgen Eifel und Westerwald gibt es viel Wild und auch – nicht immer zur Freude der Bauern – viel Schwarzwild. Die Wut über die auf den Feldern angerichteten Schäden, die in früheren Jahrhunderten keineswegs von der Herrschaft ersetzt wurden, hat schon mancher Bauer mit einem zarten Frischlingsbraten oder der saftigen Keule eines „Überläufers", des zweijährigen Schweins, gestillt.

1 Wildschweinkeule (ca. 1 1/2 kg),
2 cl Doppel-Wacholderschnaps,
4 Wacholderbeeren, je 1/2 TL Majoran und
Salz, 1 Prise Pfeffer, 40 g Butter, 2 Zwiebeln,
1/8 Liter Fleischbrühe, 1/4 Liter Rotwein,
1/8 Liter saure Sahne, 1 Zitrone,
Brombeergelee

Die Keule vom Metzger ausbeinen lassen, aufrollen und zusammenbinden. Mit Wacholderschnaps übergießen. Die Wacholderbeeren zerdrücken, mit Majoran, Salz und Pfeffer mischen und damit das Fleisch einreiben. Im heißen Fett ringsum anbraten, die feingehackten Zwiebeln zugeben und goldbraun werden lassen. Fleischbrühe (oder Wasser) mit Wein erhitzen und den Braten ablöschen. Im Backofen bei 200° C etwa 2–2 1/2 Stunden braten, dabei mehrmals mit Bratensaft und eventuell Wasser begießen. Den Braten herausnehmen – das Fleisch sollte innen noch rosig sein – und warmstellen. Den Bratensaft falls erforderlich entfetten, durch ein Sieb gießen, die saure Sahne einrühren und abschmecken. Beim Anrichten kann man den Braten noch mit Wacholderschnaps flambieren. Den Braten in Scheiben schneiden, als Garnierung Zitronenscheiben und Brombeergelee dazugeben. Geschmorte Pilze und kleine Butterkartoffeln schmecken herrlich dazu.

Wacholder-
Schnaps

Zuckerkuchen

Niedersachsen

Wird man zum Kaffeetrinken auf einen niedersächsischen Hof eingeladen, kann man ziemlich sicher sein, daß es Zuckerkuchen gibt. Und das reichlich, sozusagen quadratmeterweise. Von diesem Zuckerkuchen werden schier unglaubliche Mengen vertilgt. Ein gewitzter Psychologe könnte vermuten, daß hier so etwas wie die süße Rache für den mühseligen Anbau von Zuckerrüben stattfindet, die in weiten Teilen Niedersachsens auf riesigen Flächen gepflanzt werden.

Für den Teig: 40 g Hefe, 75 g Zucker,
1/4 Liter Milch, 500 g Mehl, Salz, 50 g Butter.
Für den Belag: 125 g Butter, 100 g Zucker,
75 g Mandeln.
Butter zum Ausfetten

Hefe zerbröckeln und mit 1 Teelöffel Zucker in der lauwarmen Milch anrühren. Mehl in eine Schüssel sieben, die Hefe in eine Vertiefung in der Mitte geben und darüber 1/2 cm hoch Mehl streuen. An einem warmen Ort so lange gehen lassen, bis das Mehl rissig wird. Dann den restlichen Zucker, eine Prise Salz und die zerlassene Butter hinzufügen und alles zu einem festen Teig verkneten. Etwa 30 Minuten gehen lassen. Auf einem gefetteten Backblech den Teig ausrollen. Butter in Flöckchen gleichmäßig darauf verteilen, darüber den Zucker streuen und obenauf die abgezogenen, gehobelten Mandeln geben. Weitere 20 Minuten an einem warmen Ort ruhen lassen und dann bei 200° C etwa 15 Minuten backen.

Zungenragout

Niedersachsen

In Niedersachsen wird dieses Ragout besonders geschätzt, und es sei allen sehr empfohlen, die es noch nicht kennen. Manch kluge Hausfrau hält in weiser Voraussicht stets eine zweite Portion in Reserve.

1 Rinderzunge (etwa 1 kg), 1 Stange Lauch, 1 Karotte, Salz, 75 g Mehl, Pfeffer, 10–15 Kapern, 1/8 Liter Weißwein

Die Zunge unter fließendem Wasser abbürsten. Lauch und Karotte putzen, waschen und in Scheiben schneiden. Gemüse mit der Zunge in 2 Liter kochendes Salzwasser geben und je nach Zungengröße 1 1/2–2 1/2 Stunden kochen lassen. Zunge herausnehmen, abkühlen lassen. Abziehen und in nicht zu dünne Scheiben schneiden. Brühe durch ein Sieb geben. Butter zergehen lassen, Mehl hinzurühren und mit der Brühe ablöschen. Mit Pfeffer, Salz und Kapern würzen. Die Zungenscheiben wieder hinzufügen und in der Soße erhitzen. Mit dem Weißwein abschmekken. Dazu Salzkartoffeln oder rohe Kartoffelklöße (siehe Seite 70) reichen.

Zwiebelgemüse

Niedersachsen

Zwiebeln gehören zu den ältesten Wurzelgemüsen, die die Menschen kennen. Schon im alten Ägypten war eines der bekannten Standardgerichte ein Gerstenbrei mit Zwiebeln und Bohnen. Dazu gab's Bier. Auch allerlei Heilkräfte traute man der Zwiebel zu. Im Mittelalter galt sie als probates Mittel gegen Warzen: „Wenn du die Warzen vertreiben willst, nimm eine Zwiebel, wälze sie in Öl und Salz und lege sie auf die Warzen", lautete ein verbreiteter heilkundlicher Rat.

750 g Gemüsezwiebeln, 50 g Butter oder Margarine, 1/8 Liter Fleischbrühe, 1/8 Liter trockener Weißwein, Salz, Pfeffer, Muskat, 3 EL Semmelbrösel

Die Zwiebeln schälen und in Ringe schneiden. Fett zerlassen und die Zwiebelringe darin andünsten. Dann die Fleischbrühe und den Weißwein hinzugießen. Etwa 20 Minuten auf kleiner Flamme garen. Mit Salz, Pfeffer und Muskat abschmecken. Die Flüssigkeit mit den Semmelbröseln binden. Dazu Salzkartoffeln und gekochtes Rindfleisch servieren.

Zwiebelkuchen

Schwaben

Dem Norddeutschen wird's die Sprache verschlagen beim puren Gedanken an einen mit Zwiebeln belegten Kuchen. Aber im Norden wächst ja kein Wein, gibt's also auch keinen „neuen Wein", den frischgepreßten unvergorenen oder gerade erst bitzelnden. Und deswegen kann man dortzulande auch nicht wissen, daß es nur weniges gibt, was gleich gut zum neuen Wein schmeckt. Doch auch bei anderen Gelegenheiten ist der Zwiebelkuchen nicht zu verachten.

500 g Mehl, 30 g Hefe, 1 Prise Zucker, ca. 1/8 Liter Milch, 2 Eier, 1 Prise Salz, 100 g Butter, 2 kg Zwiebeln, 50 g Schweineschmalz, 1/4 Liter saure Sahne, 4 Eier, 60 g Mehl, 1/2 TL Salz, 1 Prise Kümmel, 100 g Schinkenspeck

Das Mehl in eine Schüssel geben und in die Mitte eine Vertiefung drücken, die Hefe hineinbröseln, mit Zucker bestreuen und mit etwas lauwarmer Milch in der Mulde einen Vorteig anrühren. Zugedeckt 30–40 Minuten an warmem Ort gehen lassen. Die Eier, Salz und die weiche Butter unterrühren und alles zu einem glatten Teig verkneten. Nochmals 30–40 Minuten gehen lassen. Den Teig ausrollen und ein gefettetes Backblech so damit belegen, daß ringsum ein Rand entsteht.

Nun, solange der Teig noch etwas ruht, die Zwiebeln in Scheiben schneiden und im Fett weichdünsten, sie sollen aber hellgelb bleiben. Sahne, Eier, Mehl, Salz und Kümmel verrühren, den gewürfelten Schinkenspeck anbraten und alles mit den Zwiebeln vermischen. Die Masse auf den Teig streichen und im Backofen bei 220° C in etwa 1 Stunde goldgelb backen. Der Zwiebelkuchen muß unbedingt warm gegessen werden. Für einen Kuchen in einer runden Springform ist die Hälfte der Zutaten ausreichend.

Zwiebelrostbraten

Schwaben

Aus dem gut abgehangenen Rippenstück des Rindes, dem Roastbeef, werden die Scheiben für den Rostbraten geschnitten. Der Schwabe liebt ihn mit Zwiebeln geschmälzt und dazu Sauerkraut und Spätzle. Ansonsten können es auch Béchamelkartoffeln oder Kartoffelsalat und ein frischer grüner Salat sein.

4 Scheiben Rostbraten (je ca. 200 g), frisch gemahlener Pfeffer, 4 EL Öl, 4 Zwiebeln, Salz

Die Fleischscheiben am Fettrand mehrfach einschneiden, vorsichtig etwas breitdrücken, Fleisch pfeffern und mit Öl dünn bestreichen. Mindestens eine Viertelstunde ruhen lassen – zarter wird das Fleisch, wenn es schon am Tag vorher mit Pfeffer und Öl behandelt und kaltgestellt wird. Die Zwiebeln schälen und in Ringe schneiden. In einer Pfanne einen Teil des Öls erhitzen und die Zwiebelringe darin goldbraun braten. Inzwischen eine andere Pfanne heiß werden lassen, das restliche Öl zugeben und erhitzen. Die Rostbratenscheiben hineinlegen – es muß zischen – und jede Seite 1 Minute lang stark anbraten. Dann die Hitze reduzieren, jede Seite weitere 3 Minuten braten und mit Salz würzen. Das Fleisch soll außen braun, innen aber noch rosa sein. In die Mitte einer großen Platte trockenes, heißes Sauerkraut geben, den Rostbraten darauflegen, mit den Zwiebeln bedecken und mit Spätzle servieren. Dazu schmeckt ein Trollinger aus Württemberg.

Die Rezepte nach Regionen

Soweit in den Rezepten nichts anderes angegeben ist, sind die Zutaten für 4 Personen berechnet.

Die Rezepte nach Gruppen

Soweit in den Rezepten nichts anderes angegeben ist, sind die Zutaten für 4 Personen berechnet.

Vorspeisen und Zwischengerichte

Suppen und Eintopfgerichte

Fischgerichte

Fleisch- und Wurstgerichte

Wild- und Geflügelgerichte

Gemüse-, Pilz- und Kartoffelgerichte

Salate und Beilagen

Eier- und Mehlspeisen

Kuchen, Torten, Kleingebäck

Nachspeisen

Die Rezepte alphabetisch

Bildquellen

Bildarchiv Huber 6/7 u.M., 7 o.
Bildarchiv Preußischer Kulturbesitz 17
Robert Häusser 13
Internationales Bildarchiv Horst v. Irmer 7 r.M., 7 u.r.
Mauritius/G.O.K. 14 o.r.
Mauritius/Ligges 6 u.l.
Mauritius/Plomer 14 l.M.
Mauritius/Rossenbach 14/15 u.
Photo-Center Greiner & Meyer/Layer 6 o.l.
Photo-Center Greiner & Meyer/Schrempp 14 u.l., 15 o.
Silvestris/Schäfer 6 o.r.
Sigloch Bildarchiv/Döbbelin 18–217
Sigloch Bildarchiv 2 (Erich Spiegelhalter)
ZEFA/Werner Mohn 14 o.l.